Simone Veil

O alvorecer em Birkenau

Simone Veil

O alvorecer em Birkenau

Tradução Rosemary Costhek Abílio

Esta obra foi publicada originalmente em francês com o título
L'AUBE À BIRKENAU, por Les Arènes, Paris.
Copyright © 2019, © Les Arènes, Paris.
Copyright © 2021, Editora WMF Martins Fontes Ltda.,
São Paulo, para a presente edição.

Todos os direitos reservados. Este livro não pode ser reproduzido, no todo ou em parte, armazenado em sistemas eletrônicos recuperáveis nem transmitido por nenhuma forma ou meio eletrônico, mecânico ou outros, sem a prévia autorização por escrito do editor.

1ª edição *2021*

Tradução
ROSEMARY COSTHEK ABÍLIO

Acompanhamento editorial
Beatriz Antunes
Revisões
Fernanda Alvares
Cristina Yamazaki
Projeto gráfico
Gisleine Scandiuzzi
Produção gráfica
Geraldo Alves
Paginação
Renato Carbone
Fotos
Arquivos de família de Jean e Pierre-François Veil

Dados Internacionais de Catalogação na Publicação (CIP)
(Câmara Brasileira do Livro, SP, Brasil)

Veil, Simone, 1927-2017
O alvorecer em Birkenau / Simone Veil ; tradução Rosemary Costhek Abílio. – 1. ed. – São Paulo : Editora WMF Martins Fontes, 2021.

Título original: L'aube à Birkenau.
ISBN 978-85-469-0333-7

1. Biografia 2. Depoimentos 3. Guerra 4. Memórias 5. Veil, Simone, 1927-2017 I. Título.

21-84331　　　　　　　　　　　　　　　　CDD-920.72

Índice para catálogo sistemático:
1. Mulheres : Biografia　920.72

Aline Graziele Benitez – Bibliotecária – CRB-1/3129

Todos os direitos desta edição reservados à
Editora WMF Martins Fontes Ltda.
Rua Prof. Laerte Ramos de Carvalho, 133　01325-030　São Paulo　SP　Brasil
Tel. (11) 3293-8150　e-mail: info@wmfmartinsfontes.com.br
http://www.wmfmartinsfontes.com.br

Para Albert Bulka
(28 de junho de 1939 – 16 de abril de 1944)

Sumário

8
Apresentação à edição brasileira

30
O coque de Simone Veil

40
O alvorecer em Birkenau

126
Simone e Denise

146
Simone e Marceline

182
Simone e Paul

222
O *Kadish* será recitado junto de meu túmulo

229
Glossário

Apresentação à edição brasileira
Simone Veil e o espelho quebrado

Simone Veil teve uma longa existência que percorreu os séculos XX e XXI. Nascida em 1927, na França, esteve em espaços que a transformaram por completo. Passou a infância em uma casa muito tranquila em Nice, mas, por ser de família judia, em 1944, em decorrência da invasão da França pela Alemanha nazista, é deportada para a Alemanha, juntamente com a mãe e uma de suas irmãs, e de lá para o campo de concentração Auschwitz-Birkenau, na Polônia. O ano seguinte também é marcado por acontecimentos cruciais. No início de 1945, sua mãe, Yvonne, morre no campo de Bergen-Belsen.

A deportação de Simone Veil durou treze longos meses. Com o fim do conflito mundial, Simone é repatriada e passa a morar na casa dos tios, junto com a sua irmã Milou, que voltara para a França muito doente. Simone a perderia somente em 1952, em virtude de um acidente de carro. Quanto ao pai e ao irmão, Simone logo descobre que eles não haviam sobrevivido. Agora, o espaço da perda estava ocupado também pelos dois. Em contrapartida, reencontra Denise, a irmã que havia ficado na França e participado da Resistência.

O ano de 1945 também marca um período de retomada na vida de Simone Veil, já que, para recomeçá-la após a experiência traumática da *Shoah*, entra na renomada instituição Sciences Po, para estudar direito e ciência política. Após a repatriação, Simone descobre que tinha sido aprovada nos exames que prestara antes da deportação. Aliás, fora levada para uma das sedes da Gestapo justamente quando comemorava o final dessas provas, por si só muito desgastantes, ainda mais em meio à invasão da França pelos alemães e à perseguição dos judeus em toda a Europa.

Entre as décadas de 1960 e 1970, Simone entra para a magistratura e vai trabalhar na administração penitenciária, onde lida com as propostas de reforma no sistema carcerário francês devido às péssimas condições. Ela e a França encaravam então os desdobramentos da guerra pela independência argelina do domínio colonial francês. Em 1958, havia surgido um grande movimento, encabeçado por argelinas e argelinos, pelo reconhecimento de suas condições de prisioneiras/os políticas/os. Simone Veil foi tão impactada por esses acontecimentos que nunca mais deixou de se envolver com as lutas em torno dos direitos das mulheres e das/os imigrantes.

Em 1974, Simone Veil é nomeada ministra da saúde pelo governo do primeiro-ministro da França, Jacques Chirac. Nessa ocasião, elabora um projeto de lei que culmina na legalização da interrupção voluntária da gravidez, enfrentando críticas vindas de todos os lados, até mesmo de antigos aliados. Por seu envolvimento direto na defesa da legalização do aborto na França, Simone Veil receberia ataques antissemitas e seria transformada em alvo de ataques da Frente Nacional, o partido político francês de extrema-direita.

Em 1979, com o apoio do político de centro-direita Valéry Giscard d'Estaing, que ocupou a presidência da França entre 1974 e 1981, tornou-se a primeira mulher a presidir o Parlamento Europeu. Na década de 1990, Veil voltou a ocupar o cargo de ministra, sendo encarregada de cuidar dos assuntos sociais e de saúde do governo Édouard Balladur. Em 1997, presidiu o Alto Conselho de Integração e, um ano depois, entrou para o Conselho Constitucional da França, permanecendo até 2007. A partir de 2008, tornou-se membra da Academia Francesa. Aos 89 anos, em 2017, morreu em sua casa, em Paris[1]. Um ano depois, seus restos mortais foram transferidos para o Panteão, local onde se encontram enterradas as maiores personalidades da cultura francesa.

Este livro é resultado de relatos de Simone Veil, mas também de mais três conversas entre ela e a irmã Denise; a amiga maoísta Marceline; o amigo Paul. Com os dois últimos, ela conviveu em Auschwitz-Birkenau e no subcampo de Bobrek. Todos os relatos e conversas foram colhidos por David Teboul durante 15 anos e reunidos em livro em 2019. Diante de tantos outros massacres e horrores que ocorreram antes e depois do Holocausto, tais como os de Camboja, Ruanda, Libéria, Kosovo, inclusive os de Israel na Palestina, e dos crescentes pedidos para que as/os sobreviventes parassem de falar da *Shoah*, Simone

---

[1] Sobre a repercussão da morte de Simone Veil, consultar: AYUSO, Silvia. "Morre Simone Veil, sobrevivente do Holocausto e ícone da luta pelos direitos das mulheres". *El País*, 30 de junho de 2017.

Veil formula duas justificativas. Na primeira, ela mostra o quanto, por muito tempo, havia sido impossível falar sobre os acontecimentos traumáticos, até porque era difícil alguém acreditar nos relatos das/os sobreviventes, dados os sentimentos de incompreensão e absurdo que os acompanhavam. Na segunda justificativa, Veil defende a necessidade de evitar a qualquer preço, evitar o esquecimento.

Podemos ler os relatos e as conversas presentes em *O alvorecer em Birkenau* lembrando, sempre, dessas duas justificativas. No livro, Veil trata da dificuldade que até mesmo as/os deportadas/os tinham para acreditar naquilo que estava acontecendo. Desde antes de sua deportação, pairava uma sensação de incredulidade geral e uma dificuldade imensa de tomar consciência de tudo o que estava ocorrendo[2].Mesmo quando uma judia ou um judeu portava, ainda em território francês, uma estrela amarela, pensava-se que bastaria seguir as novas regras para escapar da perseguição, ou que as narrativas das/os refugiadas/os austríacas/os e alemãs/ães não se estenderiam aos demais. No entanto, veio a deportação e, com ela, a viagem de trem que levava todas/os até Auschwitz-Birkenau. Veil comenta: "Estávamos entrando na tragédia. Nós a sentíamos sem conseguir representá-la em nossa mente." Chegando ao campo, outras coisas inimagináveis aconteceram: de início, percebia-se uma fumaça permanente que ocupava os ambientes. Seria mesmo, a tal fumaça, o resultado de corpos humanos sendo queimados, como ela tinha ouvido alguém comentar? Veil nos alerta: "Aquela realidade não podia ser inventada. E, além disso, havia o cheiro." Todos eram tatuados com um número no braço e tomavam banho em chuveiros sem privacidade, expondo seus corpos nus ao escrutínio dos guardas. Os cabelos eram cortados. Por sorte, os de Simone não foram raspados, o que permitiu que ela mantivesse certa dignidade. Aliás, os cabelos de Veil rendem um dos relatos mais bonitos de David Teboul. Quando David encontra Simone, para convencê-la a falar sobre a sua experiência no campo, ele menciona o coque de Veil. Sem saber de

---

2 Sobre a literatura do trauma, ver: SELIGMANN-SILVA, Márcio (Org.). "Apresentação da questão". In: *História, memória, literatura. O testemunho na Era das Catástrofes*. Campinas-SP: Editora Unicamp, 2017.

nada, David tocava em algo que havia ajudado Simone a sobreviver ao campo. Os laços de afeto e o pacto entre aquela que aceita falar e aquele que escuta haviam sido estabelecidos.

Françoise Thébouad[3] mostra que

o racismo nazi, visto pela sua dimensão sexual, leva a afirmar, entre outras coisas, que a política hitleriana relativamente às mulheres não é feita de pronatalismo e de culto da maternidade, mas de antinatalismo, de culto da virilidade e de exterminação em massa das mulheres.

Nesse sentido, o testemunho de Veil funciona, ao mesmo tempo, como um relato e um combate a esse racismo, mostrando o modo como os corpos das mulheres eram atingidos pelo campo, ao instaurar uma divisão rígida entre homens e mulheres. Dentro dele, confisca-se tudo que pode ter valor para as mulheres, seja valor monetário ou afetivo. Veil relembra que, na tentativa de evitar o confisco, uma amiga derrama sobre seu corpo todo o vidro de perfume, o mesmo que Veil tinha em seu banheiro no momento em que narra suas memórias traumáticas. A presença cotidiana do perfume produzia nela a presença da velha amiga.

Mesmo que Veil não se esqueça das atitudes insuportáveis de humilhação, mesquinharia e maldade dentro do campo, as inúmeras redes de afeto e de solidariedade criadas entre as mulheres são lembradas. Em um primeiro plano, aparece a solidariedade familiar, pois o fato de ela estar sempre ao lado da mãe e da irmã propiciava uma força que é relatada com muita frequência: "Acima de tudo, estávamos juntas, estreitamente unidas." Mas, também, as afinidades eram mencionadas com meninas de idades próximas e que falavam a língua francesa. É preciso lembrar que Veil tinha 16 anos quando foi deportada e que conversar sobre assuntos o mais frívolos possível permitia-lhe escapar daquela situação. Apesar da convivência com mulheres da Resistência, muitas delas comunistas, criar certos atritos dentro do campo – e Veil não deixa

---

[3] THÉBOUD, Françoise. "Introdução". In: DUBY, Georges e PERROT, Michelle (Orgs.). *História das mulheres no Ocidente*, v. 5. Porto: Edições Afrontamento, 1993, p.12.

de apontar seu desagrado com o "dogmatismo" das/os comunistas, visão que a manteve distante de posicionamentos de esquerda até mesmo quando, mais tarde, passou a frequentar a arena da política institucional –, todos os laços comunitários contribuíram para a sua sobrevivência. O encontro com mulheres dentro do campo, porém, também se dava por meio da violência. Simone, como todas as suas colegas de campo, passava por cotidianas agressões, com tapas e golpes de eslavas e polonesas muito jovens. Essas carcereiras recrutadas haviam sido elas mesmas endurecidas pelos campos. E, apesar do contingente da SS, a polícia do Estado nazista, ser majoritariamente formada por homens, havia mulheres auxiliares, muitas das quais tão violentas quanto os homens. Mas será uma delas que, por razão desconhecida, ajudará Veil e a sua família a se transferir para uma pequena fábrica da Siemens, que possuía uma jornada de trabalho menos árdua do que a de Auschwitz-Birkenau. Diante desse acontecimento, dois temas ganham destaque.

Primeiro, o fato de as mulheres serem submetidas a trabalhos físicos bastante pesados em Birkenau, tal como carregar pedras e transportar enormes sacos de cimento. Porém, já no subcampo de Bobrek, quando passa a trabalhar como cozinheira, Veil relata um trabalho extenuante como cortadora de batatas, no qual acabava muitas vezes ralando seus próprios dedos, na tentativa de alcançar a quantidade absurda de tanques a serem preenchidos. Faz parte do relato de Veil, também, a denúncia da falta de utilidade prática ou da incapacidade de serem percebidas funções efetivas para muitos desses serviços. Essas atividades diárias consumiam muito as energias das mulheres e deixavam-nas suscetíveis a contrair várias doenças. Simone, a irmã e a mãe contraem tifo, mas é somente a última que, em decorrência da sua situação de saúde já muito debilitada, não sobrevive.

Em segundo lugar, a benevolência demonstrada pela auxiliar da SS nunca foi compreendida. Veil levanta algumas hipóteses: ela poderia ter provocado na guarda auxiliar a lembrança de uma pessoa muito querida ou até mesmo tê-la conquistado com a sua beleza. Ou seja, os relatos e as conversas compilados em *O alvorecer em Birkenau* também dão detalhes sobre a dimensão da sexualidade nos campos. Mesmo que Veil relembre aproximações e convites para dormir na cama de mulheres dentro do campo, e de muitas trocarem alimentos, tigelas e colheres por alguns favores sexuais, Simone não havia vivenciado nenhum tipo de abuso. Apesar dos relatos de violações de mulheres judias serem frequentes, não foi algo que lhe aconteceu, principalmente pelo racismo antissemita proibir quaisquer relações entre alemães e judias. O que era quase sempre cumprido à risca. Quando Simone é repatriada, precisa lidar com os olhares de desconfiança dos franceses em relação a esse aspecto. Muitos homens, porém, também haviam sofrido abusos. Porém a grande maioria escapa dessa experiência, constitui família, refaz a vida e nunca mais volta a falar nesse assunto. Para além disso, o desgaste físico pelo trabalho, pela fome, pelas doenças, pelos piolhos, pelas sarnas era tanto, que somente as/os mais privilegiadas/os dentro do campo tinham energia para pensar nesses desejos. Ainda assim, nas conversas com o amigo, Veil relembra como a paixão de Paul por uma mulher no campo dava forças para todas/os sobreviverem. Apesar de tudo, o amor causava comoção e indicava que a vida insistia em continuar.

O alvorecer em Birkenau nos deixa o aprendizado de que os horrores, apesar de inimagináveis, foram compactuados por toda a Europa. Os relatos e as conversas de Simone também tratam da colaboração francesa com a perseguição aos judeus do regime nazista, das denúncias que partiam, inclusive, de pessoas próximas, de vizinhas/os, amigas/os. É na conversa de Simone com a amiga Marceline que um caso curioso aparece: o de uma mulher que volta para casa e descobre, pela vizinha, que o marido havia ido embora com outra mulher. A vizinha, no entanto, havia guardado os seus pertences cuidadosamente. Depois se descobre que havia sido a mesma vizinha que a tinha denunciado, provocando a sua deportação. O horror, portanto, pairava por todos os cantos e a própria Veil teve que aceitar, nas eleições europeias de 1984, a presença de Robert Hersant, o dono do jornal *Le Figaro*, conhecido por seu alinhamento a Vichy e pelos seus artigos antissemitas. Mesmo que historiadoras/es auxiliem, depois da catástrofe, na tentativa de compreender tudo o que se passou, Veil diz que essas explicações posteriores vão muito além do que se poderia saber ou imaginar naquela época. A própria Veil voltou, anos mais tarde, para Auschwitz, e descobriu que não se tratava mais do mesmo lugar, faltava-lhe a experiência sensorial que envolvia o cheiro, a lama e o medo constante.

Certamente, a leitura dos relatos e das conversas de Veil não nos provocará empatia por lembrarmos de algo semelhante por que já passamos, pois a intensidade das experiências traumáticas é única e não deve ser medida por uma competição que decida qual foi a catástrofe, coletiva ou individual, mais ou menos horrorosa ou sangrenta. A única coisa que nos resta é escutá-la atentamente. Por exemplo, quando ela volta para a França, em 1945, para viver na casa dos tios, que fora saqueada e tivera o espelho quebrado. Ao olhar para si mesma através desse objeto, Simone compreendia como se encontrava: "Eu me arrumava de manhã diante de um espelho quebrado por uma bala. Nele minha imagem aparece trincada, fragmentada. Eu via nisso um símbolo."

Se não sairmos transformadas/os após a leitura do testemunho de Veil, é sinal de que a colaboração com o nazi-fascismo ainda está em nós. Pois é do nazi-fascismo – encarado não somente como aquele que esteve presente no Estado italiano comandado por Mussolini ou na Alemanha de Hitler, mas, também, como aquele que está entranhado em nossos modos de vida – que ainda precisamos nos livrar[4].

Priscila Piazentini Vieira
Professora de História Contemporânea na
Universidade Federal do Paraná (UFPR)

---

[4] Ver FOUCAULT, Michel. "Anti-Édipo: uma introdução à vida não fascista". In: ESCOBAR, Carlos Henrique de (Org.). *Dossier Deleuze*. Rio de Janeiro: Hólon, 1991.

Fotos

1
Em La Ciotat. Tenho um ano de idade.

2
Milou e eu. Gosto muito desta foto. Estou colada em Milou, abraçando-a com força. Ela nunca fazia asneira, não era como eu.

3
Mamãe e eu no jardim Alsace-Lorraine, em Nice, em 1929.

4
Eu à esquerda, Denise, minha prima Claudia, Milou, meu primo Poucet e Jean.

5
As férias em La Ciotat.

6
Eu amava a natureza, as flores e o mar.

7
Eu com minhas tranças, um pouco antes da deportação.

Relato colhido por David Teboul

O coque de Simone Veil

Nice é um oásis à beira-mar,
com florestas de mimosas e palmeiras,
e há príncipes russos e ingleses que duelam com flores.
Há palhaços que dançam nas ruas e confetes que caem do céu e não esquecem de ninguém.
Um dia eu também irei a Nice, quando for moço.

Romain Gary (Émile Ajar)
A vida pela frente

Jacques não quis ritual nem oração. Sabe por experiência que são uma provação para o amigo que os assume. Ele me pede que lhes agradeça por terem vindo, que os abençoe, que lhes implore para não ficarem tristes e pensarem apenas nos muitos momentos felizes que vocês lhe deram a oportunidade de partilhar com ele. Sorriam para mim, diz ele, como terei sorrido para vocês até o fim. Prefiram sempre a vida e afirmem sem descanso a sobrevida. Amo vocês e sorrio-lhes de onde quer que eu esteja.

Jacques Derrida

Eles não nos perdoarão o mal que nos fizeram.

Axel Conti
Welcome in Vienna

Eu tinha 12 anos quando vi Simone Veil pela primeira vez. Não de verdade. Era uma noite de terça-feira. Não tínhamos aula no dia seguinte, podíamos ver televisão, era uma verdadeira alegria. Naquele ano de 1979, a mutirretransmissão da série americana *King Kong* estava alcançando grande sucesso.

Toda terça-feira eu hesitava entre *King Kong* e "Les Dossiers de l'Écran". Era uma época em que muitos cineastas engajados faziam os chamados "filmes de tese". "Les Dossiers de l'Écran" os transmitiam, seguidos de um debate. Esse programa era famoso, sua ficha técnica e a gravidade de sua apresentação também; eu gostava muito dele. Na terça-feira 6 de março de 1979, o último episódio da série americana *Holocausto* foi transmitido em "Les Dossiers de l'Écran". O tema era "Vida e morte nos campos nazistas". O filme reconstitui a trágica história de uma família judia alemã assimilada, os Weiss; o pai é um clínico geral berlinense e a mãe, uma dona de casa; eles têm três filhos, Karl, Rudi e Anna. Meu primeiro gato tinha dois meses; eu acabara de adotá-lo, acariciava-o com frequência. Havia lhe dado o nome de um dos filhos da família Weiss, Rudi; foi o único que sobreviveu, indo lutar com os resistentes e depois partindo para a Palestina. Rudi era meu herói, sobrevivente e combatente; estava apaixonado por ele.

Durante o debate depois do fim do filme, saí da infância e caí numa adolescência precoce. Uma mesa-redonda reunia sobreviventes desconhecidos, Marie-Claude Vaillant-Couturier, uma resistente comunista, e Simone Veil. Simone estava no centro e nunca mais me deixará. Alguns jovens, presentes no estúdio, haviam feito uma viagem a Auschwitz para o programa. Estavam ali como uma espécie de amostra representativa da juventude francesa; os mais velhos tinham 35 anos.

Lembro-me do apresentador, de sua voz, da dramaturgia pesada, que se somavam ao relato trágico dos convidados. "Antes eu gostaria de passar a palavra para a senhora Veil e perguntar-lhe se era importante, verdadeiramente, mostrar esse filme para os franceses."

"Infelizmente, é um filme muito otimista, porque as pessoas são gentis. Há muita ternura nesse filme, há uma grande solidariedade, ao passo que, nos campos, frequentemente nos tornamos verdadeiros bichos. O que nos causou mais sofrimento foi termos vivido tão próximos da fronteira que distingue o ser humano do animal. O filme mostra um homem que pega um cobertor de seu amigo que morreu. Infelizmente, muitas vezes era de um ser vivo que se roubava o cobertor. É um filme em que os sentimentos são bons, as pessoas são gentis, há muita comunicação entre carrascos e vítimas. Infelizmente, o que os alemães haviam destruído e o que os campos haviam destruído era a humanidade."

Uma jovem telespectadora perguntou: "Por que, em todos os países, não gostam dos judeus?" Essa pergunta me perturbou. No final dos anos 1970, eu não devia dizer que era judeu. Um dia, um colega de classe, eu devia estar em CE1 ou CE2[1], já não me lembro muito bem, me observou que eu não era totalmente francês. Fiquei horrorizado. Alguns dias depois, para se desculpar, ele acrescentou que isso não tinha importância, pois ele mesmo era normando.

Essa lembrança me volta como um eco da jovem que perguntou: "Por que, em todos os países, não gostam dos judeus?" Todo ano, por ocasião da festa do *Yom Kippur*, meus pais escreviam um bilhete de justificativa invocando uma doença. Era então impensável justificar uma ausência às aulas com a celebração de uma festa judaica. Eu perguntava por que a meu avô e ele me respondia: "Sabe, é melhor dizer isso, porque nem sempre gostam de nós, judeus. E além disso evita problemas." Marcara-me não poder dizer o que éramos, porque o eco e a ameaça da Shoah ainda estavam próximos e podiam ressurgir.

Eu carregava em mim uma sensação de dupla exclusão: um físico um pouco meteco que podia sugerir que eu era árabe e uma religião que eu praticava pouco, mas que devia manter em segredo. Até então, crescera com um desejo louco de me fundir numa "francesidade" absoluta, inatingível, sem silenciar sobre minha identidade judia. Tinha a sensação de dever enfrentar dois racismos: o racismo antiárabe e o racismo antissemita.

Relembro o final do programa. Simone Veil estava ali, bela e grave. Eu estava subjugado. A criança que eu era percebia sua contrariedade, sua irritação e o peso de todas as perguntas dos telespectadores. Um

---

[1] Ou seja, no primeiro ou no segundo ano letivo do ensino fundamental (entre 7 e 9 anos de idade). (N. da T.)

zoom sublime, lento, progressivo em seu rosto me hipnotizou. Ainda me lembro dele. O que dizia ela consigo naquele instante, em que pensava? Podia e queria responder a todas aquelas perguntas, ela sozinha? Eu já esquecera a forma hollywoodiana do filme *Holocausto*. Minha atenção se voltava para aquela mulher ainda jovem, cujo charme e cujo sorriso me agradavam tanto.

Uma discussão sutil e firme se estabeleceu entre Marie-Claude Vaillant-Couturier e Simone Veil sobre a distinção entre a deportação judia e a da Resistência. Apesar de minha pouca idade e de minha ingenuidade, compreendi que era preciso evitar comparações. A tolice daquela telenovela americana, *Holocausto*, trágica, otimista e envolvente ao mesmo tempo, parecia-me longe das atrocidades que Simone Veil evocava com comedimento, emoção e pudor.

Sem saber disso, Simone Veil abalou os conservadorismos e os preconceitos da sociedade francesa. Libertou o menino que eu era da culpabilidade da Shoah. Antes daquela terça-feira 6 de março de 1979, eu tinha vergonha do "Holocausto". Não se devia dizer coisa alguma sobre o assunto, era como uma carga pesada e pouco gloriosa da história judia. Depois da participação de Simone Veil, a criança que eu era reivindicou seus pertencimentos plenamente francês e judeu sem dissociá-los. Tornei-me então, graças a Simone Veil, plenamente francês. A Shoah, antes chamada Holocausto, nunca mais me deixou. Eu tinha menos de 13 anos. Eu sabia, intuía em meu íntimo que um dia, mais tarde, quando fosse adulto, me encontraria com Simone Veil de verdade.

Com 30 anos, a lembrança daquela emoção continuava viva; decidi dirigir um filme para encontrar-me com ela. Depois de várias cartas que ficaram sem resposta de sua parte, telefonei para sua secretária.

A resposta foi definitiva: "A senhora Simone Veil não deseja participar de um filme sobre sua pessoa." Tornei a ligar uma última vez: "Não compreendo por que a senhora Simone Veil não quer nem mesmo se encontrar comigo, não dá uma chance para esse desejo de vê-la e ouvi-la." Simone Veil pegou o telefone. "O senhor quer realmente me ver? Esteja amanhã cedo às oito e meia em meu escritório. Já vou avisando, é não, e só o receberei dez minutos. E seja pontual, por favor!"

No dia seguinte lá estou eu, ela está atrasada, isso me alegra. A bola está no meu campo, convenço-me de que ela vai aceitar. Aceitará, mas não pelos motivos que imagino. Ela chega desculpando-se, cortês e elegante. Falamos dos engarrafamentos parisienses, do reconhecimento pelo presidente Chirac da responsabilidade da França na razia do Velódromo de Inverno[2]. Criticamos em uníssono o Grande Prêmio atribuído em Cannes ao filme *A vida é bela*, de Roberto Benigni. Simone Veil, que vou aprendendo a conhecer, é uma mulher de reações vivas e categóricas. Sabia disso antes mesmo de conhecê-la. Ela me olha, perturbada, eu me calo. "O que o interessa em mim?" Respondo: "Seu coque, minha senhora." Sinto-a abalada. Então ela me conta que em seu comboio nenhuma mulher teve a cabeça totalmente raspada e que isso lhe salvou a vida. Sem saber, eu havia tocado num ponto essencial de sua deportação.

Esse primeiro relato puxou todos os outros. A partir desse encontro, que durou cerca de três horas, uma intimidade se criou. Uma amizade se estabeleceu. Simone concedeu-me longas entrevistas. Telefonávamos com frequência um para o outro: "Você está livre quando para almoçarmos?" Gostávamos muito um do outro, de um modo pudico e leve. Nossas conversas eram sempre as mesmas. Nunca nos aconteceu não abordarmos a vida no campo.

Nossa viagem a Auschwitz foi dolorosa e perturbadora para Simone.
Ela voltara lá para comemorações, mas nunca quisera entrar nos barracões de Birkenau onde passara alguns meses. O dia estava frio e bonito; andamos muito. "Não é nada parecido com o campo. O que vejo é um imenso parque. Birkenau era lama, um céu preto e cheiros." Ao entrar em seu barracão, Simone se espanta com a proximidade dos fornos crematórios. O campo lhe parece minúsculo; em sua lembrança de deportada, tudo era maior.

---
2 Cf. nota 23, p. 119. (N. da T.)

No dia seguinte, passeamos pela Cracóvia antiga. Passamos um longo momento numa cristaleria, onde compramos magníficas taças de champanhe de cristal da Boêmia. Antes de o avião decolar para Paris, Simone me falou dos tesouros enterrados sob os gramados de Birkenau: joias, moedas de ouro. Eu lhe disse que os camponeses poloneses bem mereciam aquilo. Simone estava precisando daquela risada. Nunca falamos tão pouco do campo como durante essa viagem, e nunca rimos tanto.

Alguns meses antes da morte de Simone, recebi uma mensagem de Marceline Loridan-Ivens, sua colega de Birkenau: "David, você quer ver sua amiga Simone? Me acompanhe, vou lá esta semana. Simone não está muito em forma. Me ligue de volta e não se faça de morto. Um beijo, querido. É Marceline."
Fazia alguns meses que eu não via Simone. Sabia que ela não estava bem e isso me entristecia. Fomos os três tomar chá numa cervejaria sinistra da praça Vauban, a alguns passos de seu apartamento. Simone está silenciosa. Estamos no começo da primavera, tudo parece sem cheiro, sem sabor; a doença fez seu trabalho. Marceline e eu tentamos provocar Simone sobre assuntos que costumam irritá-la. Tudo inútil.
Marceline Loridan vira-se para mim: "Tenho um truque." Mostra-me uma colher de café. Diz que eu a ponha em minha bolsa, e é o que todos fazemos, inclusive Simone, sob o olhar pasmado do garçom. Saímos do café, eu quase envergonhado, Marceline vitoriosa e Simone aquiescente. Marceline me conta que as colheres eram diamantes no campo, que as mulheres lutavam para não deixar que as roubassem delas, era um verdadeiro mercado negro. Aquelas colheres evitavam que tivessem de lamber a sopa ruim de Birkenau. "Sabe, David", acrescenta Marceline, "isso você não pode entender. É uma coisa de garotas de Birkenau." A doença não matara a lembrança do campo: ainda estava lá e, ela sim, bem viva.
Depois de deixarmos Simone, Marceline e eu caminhamos juntos. Ela me conta sobre Simone no campo, como uma última vez. Não tornarei a ver Simone. Já sei disso.

David Teboul

O alvorecer em Birkenau

Em minha família, nós éramos judeus, patriotas, republicanos e laicos. Os dois ramos – o dos Jacob do lado de meu pai e o dos Steinmetz do lado de minha mãe – viviam de acordo com isso havia várias gerações. A família de meu pai vinha da Alsácia e da Lorena. Do lado alsaciano, ela pertencia a uma burguesia instruída e abastada em que havia principalmente médicos. Sobre a história desse ramo paterno pouca coisa chegou até mim. Ele fazia parte da comunidade judia de Estrasburgo, mas havia várias gerações já se afastara da prática religiosa. Sua árvore genealógica estende-se por apenas um século e meio. Entretanto, guardo comigo duas miniaturas de alta qualidade que vêm dessa família Netter. Esses retratos atestam um certo status social.

O outro ramo da família paterna era proveniente da Lorena, mais precisamente das cercanias de Metz. Conhecemos melhor sua história. Alguns anos atrás, meu marido, meus filhos e eu encontramos um jazigo de família que remonta a 1760 ou 1770. Um único membro da antiga comunidade judia, um centenário em plena forma, subsistia nessa aldeia. Ele tomava conta daqueles belos túmulos antigos. O cemitério estava intacto e bem cuidado. O desaparecimento daquela comunidade me pareceu ainda mais triste por isso.

Os dois ramos paternos começaram a deixar a Alsácia e a Lorena no início da guerra de 1870, talvez antes. Em 1900 meu avô paterno trabalhava em Paris, como guarda-livros na Companhia de Gás. Parece que ele teve outras ambições. Morava na avenida Trudaine, no 9º *arrondissement*[1]. Meu pai nasceu ali. Quis o acaso que dez anos depois minha mãe também nascesse ali.

Para os Jacob a laicidade era a regra já havia gerações. Em seu testamento, meu avô paterno especificara que não queria um sepultamento religioso. Meu pai era ferozmente apegado a esses princípios. A prática religiosa não tinha lugar algum em sua vida. Um dia, uma prima italiana me levou à sinagoga – aliás, foi minha única visita à sinagoga antes da guerra. Meu pai manifestou seu descontentamento: pediu

---

1 Subdivisão administrativa de Paris e de outras grandes cidades francesas. O 9º *arrondissement* de Paris é o Opéra. (N. da T.)

àquela prima que não procurasse influenciar os filhos dele. Em seu modo de ver, só contavam o humanismo, os valores morais, a arte e a literatura. Havia estudado na Escola de Belas-Artes antes da Primeira Guerra Mundial, na área de arquiteura, e obtivera o segundo lugar no Grande Prêmio de Roma. Para ele a arquitetura fazia parte das belas--artes, era uma profissão nobre.

Quando se casou, meu pai havia concluído seus estudos. Começou sua carreira de arquiteto em Paris, onde nasceram as duas primeiras filhas. Depois aceitou um bom emprego em Nice. Pensava que a Côte d'Azur lhe daria acesso a uma clientela abastada. Meus pais certamente hesitaram. Ambos haviam passado a juventude em Paris. Haviam sido felizes ali. Por muito tempo cultivaram a saudade da cidade. Em Paris, segundo diziam, tudo lhes agradava, exceto a torre Eiffel, cúmulo do mau gosto, que desfigurava a capital. Portanto, foi a contragosto que saíram de Paris. Era uma escolha lógica, uma escolha profissional. Na época, a Côte d'Azur estava na moda, recebia muitos estrangeiros ricos, ingleses de férias.

Em Nice, meus pais inicialmente se instalaram num bairro agradável. Esse primeiro apartamento tinha um belo ateliê. E depois veio a crise de 1929. Não posso me lembrar dela, pois tinha dois anos. Mas os efeitos da crise estenderam-se por anos. Meu pai sofreu suas consequências. Os canteiros de obras escassearam, o dinheiro também. Mudamos de apartamento e nos instalamos no bairro da igreja russa, onde ainda havia muita área verde. Sem elevador, sem aquecimento central, nosso novo edifício não tinha boa aparência. Uma lavanderia ocupava o térreo. Mas aquele bairro tão próximo do campo, com seus jardins plantados com mimosas e seus canteiros de violetas, me agradava. Flores alegravam nosso balcão e olhávamos as estrelas. Pouco me importava a mediocridade da moradia, com seu aquecedor que substituía o aquecimento central e seu banheiro rudimentar. Para minhas irmãs e minha mãe, ao contrário, a diferença era sensível. Mamãe sofria com isso e eu percebia.

Minha mãe vinha de um meio social mais modesto que o de meu pai. Meu avô materno, creio eu, tivera no final do século XIX um pequeno comércio de joias. Parece que ele vendeu bijuterias até na Rússia, mas que nem sempre fez bons negócios. Parece mesmo que perdeu muito dinheiro. Esse avô morreu bastante jovem. Em minha lembrança, minha avó materna falava com frequência de uma loja de peles que engolira o pouco dinheiro de família que lhe restava. Decididamente, não tínhamos faro para os negócios... Nem uns nem outros fizeram fortuna no comércio. Na família de minha mãe também se dava grande valor à cultura, o que nem sempre coincidia com a situação profissional de vários.

Mamãe prestou seu *baccalauréat*[2] antes de começar estudos de química. Ela sempre lamentou não ter exercido uma atividade profissional. Era o que chamam de dona de casa. Tivera quatro filhos em cinco anos e dedicava-lhes um carinho extraordinário. Eu era a mais nova e, portanto, a mais mimada, ainda que a diferença de idade com minha irmã mais velha, Madeleine, apelidada Milou, não fosse muito grande. Quando digo "carinho", era muito mais que isso. Mamãe se ocupava sem descanso dos que a cercavam. Eu nunca a via fazer alguma coisa só para si. Era uma pessoa totalmente excepcional. Espontaneamente, pensava só nos filhos, nos amigos, no marido, nos parentes e até mesmo em pessoas desconhecidas da família.

Assim, a crise atingiu-nos no início dos anos 1930. Muitos moradores de Nice viram-se em dificuldade. Minha mãe dedicava muita energia às associações caritativas. Muitos colegas de classe nossos vinham a nossa casa. Encontravam calor e reconforto junto de mamãe e, como ela era também muito bonita, isso impressionava. Lembro-me de uma amiga próxima de minha mãe que morreu de câncer em 1940, no mesmo dia do ataque alemão à Bélgica. Quando seu marido foi mobilizado para o exército francês, mamãe ia vê-la diariamente. Ela não parava de pensar nos outros, e isso se verificou até na deportação. Seus amigos de longa data confirmavam: desde a adolescência ela sempre se dedicara aos outros. Seu carisma era totalmente singular.

---

2 Exame nacional unificado que encerra o segundo ciclo do sistema educacional francês e dá acesso à universidade. Guardadas as diferenças, corresponde ao brasileiro Exame Nacional do Ensino Médio (Enem). (N. da T.)

Meu pai tinha um caráter diferente, mais autoritário. Eu o achava até mesmo impositivo demais com mamãe. Sem deixar de ser generoso, não se mostrava tão disponível. Seu amor por minha mãe tinha algo de possessivo, de exclusivo. Parecia pensar que ela se ocupava demais de nós e, como eu pensava que ela se ocupava demais dele, uma certa tensão se instalava. Os outros aceitavam isso melhor do que eu. Quando bem pequena, causava-me uma espécie de tristeza e mesmo de mágoa. Ao mesmo tempo, esse era apenas meu ponto de vista de criança. Eu era a caçulinha a quem não se recusava nada. Nem todo mundo via meu pai do mesmo modo. Reencontrei um desenhista que trabalhava com ele antes da guerra. Durante a Ocupação, ele escondeu meu pai em seu apartamento. Sempre manifestou um grande apego a ele. Falava disso com muita emoção.

Meu pai tinha o que chamam de "princípios educativos". Intervinha no modo como devíamos comportar-nos à mesa, por exemplo. Não dizíamos simplesmente "sim", mas "sim, mamãe" ou "sim, papai". Não saíamos da mesa sem autorização, não chegávamos atrasados. As refeições familiares aconteciam em horas fixas, papai não tolerava atrasos. Os lugares à mesa eram sempre os mesmos. Toda minha infância sentei à direita de meu pai. Meu irmão ficava à esquerda e as duas filhas mais velhas dividiam-se à direita e à esquerda de mamãe. Mas era ao lado de mamãe que eu gostaria de sentar. Isso não parece nada, mas me fazia sofrer. Minha posição à mesa colocava-me sob vigilância de meu pai. Assim que eu punha o cotovelo na mesa, era repreendida.

Quando passeávamos em Nice, quando íamos à escola e mesmo mais tarde, depois da infância, eu sempre quis que mamãe me desse a mão. Era como se eu não tivesse ocupado o lugar desejado no seio da família. Até meus 14 anos isso me fez sofrer. Papai frequentemente trabalhava como arquiteto nos canteiros de obras em La Ciotat[3] e assim que ele partia mudávamos de lugar... Eu tinha o direito de sentar ao lado de mamãe e isso bastava para tornar aquele um dia festivo.

---

3 Comuna localizada a cerca de 180 km de Nice e a 31 km de Marselha. (N. da T.)

Guardei uma lembrança de quando eu tinha cinco anos. Estávamos em Paris por alguns dias, na casa da irmã de minha mãe, uma casa pequena situada perto do bulevar Pereire, na qual, aliás, minha irmã e eu moramos quando voltamos da deportação. Mamãe estava sozinha conosco, sem nosso pai. Houve um almoço com meus tios e tias. À mesa, insisti para sentar ao lado de mamãe. Como isso não era possível, tive um ataque de raiva pavoroso e me trancaram no porão.

Em 1945, passei mais uma vez na frente daquele porão e a lembrança daquela raiva de criança me voltou. Parece-me que na época minha vida dependia apenas de mamãe. À noite ela precisava vir beijar-me, senão eu chorava. Hoje, sua bondade, seu carisma me parecem extraordinários. Ela se esgotava pelos outros, nunca pensava em si mesma. Na deportação foi a mesma coisa.

Seria ela feliz com meu pai? Penso que sim, mas os filhos, acima de tudo, a satisfaziam plenamente, vinham em primeiro lugar. Sem dúvida ela era mais mãe do que esposa. Quando se tem quatro filhos com idades próximas, a vida está longe de ser simples, mas mamãe cumpria seu dever. Ao mesmo tempo, tentava ser uma ótima esposa. As três filhas dividiam o mesmo quarto. Nossos pais ocupavam um quarto ao lado. À noite, jantávamos cedo, depois as crianças estudavam um pouco e íamos deitar. Então, fazíamos tudo o que podíamos para segurar nossa mãe conosco o máximo possível. Cada cinco minutos ouvíamos: "Yvonne, você não vem dormir?" As crianças lhe diziam sempre: "Não, não, não vá!" Em suma, disputávamos mamãe... Esse ciúme às vezes era dirigido contra outros membros da família ou contra pessoas mais distantes. Mesmo minha tia, de quem eu gostava muito, a meu ver ocupava espaço demais na vida de mamãe. As duas irmãs se escreviam diariamente; estou revendo a grande caixa de papelão azul em cima do armário, uma caixa das Galerias Lafayette na qual se amontoavam as cartas de minha tia. Mamãe e a irmã tinham um relacionamento excepcional. Sem dúvida eram mais ligadas entre si do que com a própria mãe.

Onde meus pais se conheceram? Não sei com certeza. Deve ter sido logo depois da Primeira Guerra Mundial. Meu pai estudava então na

Escola de Belas-Artes. Seu cativeiro de 1914 a 1918 havia transformado seu caráter, segundo dizem. Ele, que antes da guerra passava por uma pessoa de muita imaginação, voltou entristecido. As duas famílias, Netter e Steinmetz, certamente se conheciam através de meu tio médico, marido da irmã de mamãe. Essas famílias judias vindas da Alsácia estavam muito assimiladas. Acima de tudo, sentiam-se francesas e republicanas. Viviam na lembrança do processo e da reabilitação de Dreyfus. No círculo de meus pais, as origens e as culturas misturavam-se. Quanto a nós, íamos ao liceu e vivíamos num meio laico. Minhas irmãs e eu fazíamos escotismo, mas não com as escoteiras israelitas, com as escoteiras laicas em que todas as origens se misturavam.

Entretanto, na geração de meus pais os casamentos mistos não estavam excluídos, mas continuavam raros. Era também uma questão de meio social. Meus pais frequentavam pessoas de todas as origens e de todo credo religioso. A melhor amiga de minha mãe era católica praticante, e seguramente as duas abordavam questões de crença religiosa. Ao mesmo tempo, meus pais conservavam um número importante de amigos judeus. Penso que compartilhavam com eles uma determinada forma de ver a sociedade. Para aquelas famílias de franceses judeus, o caso Dreyfus tivera uma importância enorme. Uma parte dos franceses havia brigado pela reabilitação do capitão. Depois de muitas hesitações, um forte movimento de opinião pública deslanchara em seu favor. A democracia e a justiça levaram a melhor sobre o antissemitismo. Essa referência contava muito, mas isso não impedia meu pai de ler autores de direita.

Sobre a questão dos casamentos mistos meu pai não tinha preconceitos. Um dia lhe perguntei: "Você ficaria aborrecido se eu me casasse com alguém que não fosse judeu?" Talvez eu então tivesse em mente um rapaz, não sei mais, queria saber o que ele pensava. Deve ter sido em 1943, em plena Ocupação. E meu pai me respondeu: "Ah, não! Casamento é uma decisão individual, pessoal, e eu nunca tentaria influenciar você, mas pessoalmente nunca me teria casado com alguém que não fosse uma judia ou uma aristocrata." Como essa resposta me surpreendeu, ele continuou: "Para mim a cultura é uma coisa fundamental e nas famílias judias e nas aristocráticas o livro existe há séculos." Considerava que havia um capital, uma herança, uma transmissão de cultura ligados ao livro, e que tudo isso contava. Não era uma questão de dinheiro nem de esnobismo, e sim uma questão de cultura.

Quanto à escolha dos livros a aconselhar para adolescentes, meu pai mostrava-se indiferente ao que podia chocar os costumes da época. Em contrapartida, não suportava a "literatura de revista" ou os "romancinhos", frequentemente traduzidos do inglês, como os de Rosamond Lehmann. Incentivava a leitura dos autores clássicos. No aniversário de meus 14 anos ele me ofertou Montherlant e Tolstoi. A partir do momento em que um livro era bem escrito, considerava que uma adolescente podia lê-lo. E, como eu continuava bastante inocente, pouco avisada de certas realidades, aquelas leituras me deixaram muito surpresa. Na época, não tínhamos rádio nem televisão. Os livros tinham uma importância enorme.

Meu pai também estabelecera como regra que não se devia falar de política nem de dinheiro na frente das crianças. Só se mencionava o presente através do passado, através da história. Voltava-se muito à guerra 1914-1918, mas evitava-se abordar a atualidade, mesmo quando atravessamos as grandes greves da Frente Popular. Na escola, eu estava então no sétimo ou no sexto ano[4]. Alguns alunos, apesar da pouca idade, enfrentavam-se sobre questões partidárias. Todo mundo falava de política, bem mais do que se fala hoje. Muitas pessoas portavam emblemas deste ou daquele credo político. Na família de uma de minhas amigas escoteiras eu vira, pendurada na parede, a foto do coronel La Rocque, o chefe dos Croix-de-Feu [Cruz de Fogo], movimento antiparlamentar e próximo da extrema direita. Em nossa casa não se falava de política. Era uma questão de princípio, provavelmente acentuada por certa divergência de sensibilidade entre meus pais. Papai lia um

---
4 Ou seja, tinha entre 10 e 12 anos. (N. da T.)

jornal de Nice mais de direita que se chamava *L'Éclaireur*. E quando papai não estava em casa mamãe comprava *Le Petit Niçois* ou semanários de esquerda, por exemplo, *La Lumière* ou *L'Œuvre*. Do lado materno, meus tios e tias eram bastante engajados na vida política e claramente de esquerda. Com eles, falávamos da guerra da Espanha.

Sobre política externa as posições eram categóricas. Temia-se uma nova guerra mundial. Alguns pensavam que teria sido preciso reagir já em 1933, na época do rearmamento da Alemanha e da ocupação do vale do Ruhr. Outros consideravam que era necessário negociar até o fim e aprovavam os acordos de Munique, que em 1938 ratificaram a invasão alemã da Tchecoslováquia. Durante muito tempo mamãe defendeu uma posição diferente e inovadora. Ela falava de Aristide Briand e de Gustav Stresemann, que haviam tentado uma aproximação franco-alemã. Infelizmente, essa visão, já audaciosa nos anos 1920, perdeu toda atualidade a partir da chegada de Hitler ao poder. Já meu pai expressava regularmente seu ódio feroz aos alemães. Às vezes dizia, no final de uma refeição: "Mais uma que os boches não terão!"

Com relação ao antissemitismo, guardei uma lembrança de infância. Aconteceu no início dos anos 1930, eu então mal tinha cinco anos. No jardim de infância, brincávamos no "pátio dos menores", ao qual às vezes vinham crianças com mais idade. Revejo aquele pátio com sua alta glicínia que escalávamos. De repente, uma colega me disse: "Pobrezinha, você é judia! Sua mãe vai arder no inferno!" Não compreendi nada. Voltei em prantos para casa, onde não recebi muitas explicações. Ditas por uma menininha, aquelas palavras mostravam o grau de antissemitismo que podia reinar em algumas famílias. Felizmente, esse não era o tom geral do liceu. Os professores ensinavam uma moral laica e republicana. Estavam alheios ao antissemitismo. Mais tarde, no momento das ligas[5] e, depois, da Frente Popular[6], naquela efervescên-

---

5 Referência às várias ligas de extrema direita, frequentemente antissemitas, que surgiram na França no período entreguerras. (N. da T.)
6 Coalizão de partidos de esquerda que governou a França de maio de 1936 a abril de 1938. Formou-se principalmente como reação ao fortalecimento das ligas. A divisão entre "antifascistas" e "anticomunistas" polarizou a opinião pública francesa nesses anos entre as duas guerras. (N. da T.)

cia política do pré-guerra, cada vez mais se ouviam, aqui e ali, frases antissemitas. Eu não compreendia nada daquilo. Em Nice, sem dúvida o clima era menos tenso. Podia predominar, em alguns meios, uma certa indulgência com relação ao fascismo, acompanhada de uma condescendência habitual para com os italianos.

E depois houve a ascensão do nazismo. Meu pai era tão patriota, tinha tanto ódio dos alemães que era difícil saber o que pensava do nazismo propriamente dito. O rearmamento da Alemanha escandalizara-o. O poder alemão era sempre um perigo, qualquer que fosse o regime. Aliás, não se dizia "os alemães" e sim "os boches". Ele desconfiava do nazismo, como desconfiara do regime de Weimar. Nem mais nem menos. Não conseguia compreender sua especificidade.

Entretanto, durante as férias em La Ciotat meus pais haviam conhecido um jovem filósofo, Raymond Aron, que estava voltando da Alemanha e alertou-os contra o nazismo. Pouco tempo depois desse encontro, refugiados alemães e, depois, austríacos chegaram a Nice. Ficamos conhecendo bem Oliver, filho de Sigmund Freud, e principalmente Eva, neta de Freud. Estávamos na mesma classe e fazíamos escotismo com ela. O que eles contavam era absolutamente apavorante e difícil de acreditar. A inquietude ia aumentando lentamente.

Mas quem poderia pensar então que a França estava ameaçada?

Em setembro de 1939, depois da declaração de guerra, permanecemos em Nice. Papai havia passado da idade de mobilização. Mamãe, como sempre, procurava ser útil. Como muitos professores haviam ido embora, ela se apresentou como voluntária para dar aula para crianças. Também se ocupava de uma amiga com câncer.

No outono, tudo se desenrolou num clima estranho. Sentimos isso imediatamente. A guerra marcava passo, não se via intenção de mobilização. Esse mal-estar durou até a primavera seguinte. E depois, em maio e junho, os acontecimentos aceleraram-se. Em 10 de junho de 1940 Mussolini declarou guerra à França e meu pai se recusou a ficar numa cidade anexada pelos italianos. A ideia de viver fora do território nacional lhe era intolerável.

Em 17 de junho, papai embarcou-nos no trem para Toulouse. Devíamos juntar-nos a minha minha tia e meu tio, mobilizado como médico num hospital. Ficamos lá somente alguns dias, porque meus tios imediatamente procuraram voltar para Bordeaux. Em junho de 1940, as decisões podiam mudar de um dia para o outro. Eles tinham acabado de ouvir o general de Gaulle no rádio e queriam tentar chegar a Londres. Então meu pai nos fez voltar para Nice. Aquele retorno de trem foi uma aventura terrível. Mamãe não nos acompanhou. Por fim, chegamos a nossa casa sãos e salvos. Aquele outono de 1940 já não tinha nada de normal. E entretanto, quem poderia imaginar o que viria em seguida?

Eu via papai muito inquieto, quase desesperado. Em seu modo de ver, a derrota era acima de tudo uma desonra. Raciocinava como um combatente da Primeira Guerra Mundial, sem imaginar a catástrofe que estava despontando. Dizia: "Pétain agora está à frente do Estado. Tem coisas que ele não deixará fazerem. Tentará proteger os franceses, o país."

Um grande número de franceses tinha então essa mesma convicção. Muitos acreditavam numa divisão de papéis entre de Gaulle e Pétain, um combatendo no exterior e o outro procurando proteger os franceses no interior. Chamavam isso de "tese da espada e do escudo". A ilusão não durou muito. O status de judeus foi imposto a nós, e papai passou da humilhação patriótica para uma imensa tristeza. Sentiu-se excluído da nação, afastado de um trabalho que amava. Os problemas materiais agravaram-se. Já antes da guerra a situação se degradara, nosso modo de vida restringira-se, limitávamos as despesas. No final dos anos 1930 papai havia construído uma última *villa* pequena em La Ciotat. Uma construção modesta, longe do fausto dos anos 1920. Esse projeto certamente nos permitiu sobreviver durante os anos de guerra. Entretanto, isso era só o começo das dificuldades. Meu pai não imaginava que as coisas pudessem ir de mal a pior.

Em dezembro de 1941 o irmão dele foi preso na primeira grande razia de judeus franceses em Paris, aquela que atingiu tantos médicos, advogados e altos funcionários. Esse irmão era engenheiro, formado na

École Centrale. Servira a França como oficial e sua situação era muito parecida com a de meu pai. Encarceraram-no em Compiègne. Mais tarde libertaram-no porque estava muito doente, e foi assim que escapou da deportação. Ora, quando seu irmão foi preso, meu pai disse: "Foram os boches que fizeram isso, os franceses não têm nada a ver com isso." Ele se agarrava à ideia de que as prisões se limitariam à zona ocupada. Não podia imaginar que aconteceriam também em zona livre e que o governo de Vichy não só não se oporia como aceitaria que a polícia francesa participasse dessas prisões.

Meus pais não tinham mais dinheiro.

A rede estava se fechando a olhos vistos. Falávamos disso reunidos, mas o que tinha eu a propor? Acima de tudo tentávamos tranquilizar-nos. Hoje me pergunto por que meus pais, como tantos outros, continuaram tão pouco conscientes do perigo. Tento compreender essa imprudência. A situação financeira seguramente influiu muito.

Durante os três anos da ocupação italiana, os judeus que viviam em Nice não se sentiram particularmente ameaçados. Penso nos amigos mais próximos de meus pais. Muitos poderiam ter deixado a cidade e ido esconder-se em algum lugar no campo ou nas montanhas, mas a maioria nada fez. Entretanto, prenúncios não faltavam. A partir de 1935 tínhamos visto chegar refugiados alemães e depois austríacos. A maioria provinha de meios relativamente abastados. Tinham partido em 1935, deixando tudo para trás. Profissionais liberais, comerciantes abastados, intelectuais, em Nice esses refugiados se viram numa situação muito precária, procurando qualquer tipo de trabalho que fosse. Para eles uma certa solidariedade se organizou. Não compreendíamos realmente o que nos contavam. Sua história parecia inverossímil. Já falavam dos campos, mencionavam famílias que haviam recebido uma caixinha contendo cinzas...

Esses relatos assustadores eram recebidos com ceticismo. Porém compreendíamos que aquelas pessoas haviam sido expulsas, que sua situação era dramática.

Em 1941, já não eram alemães que chegavam e sim refugiados de origem polonesa ou tcheca. Mamãe ajudou muitos deles. Tinham falta de tudo. Escondemos alguns, apesar da falta de espaço. Não compreendíamos que estávamos tão expostos quanto eles. Sendo franceses, ainda nos julgávamos a salvo.

Hoje, o que ainda me espanta é que o testemunho daqueles refugiados não tenha sido mais bem entendido e que a vontade de fugir enquanto ainda era tempo não tenha sido mais urgente. Um grande número de relatos confirma isso. Havia uma espécie de incredulidade geral, de dificuldade para tomar consciência. Ela durou muito tempo. Ao longo dos primeiros trajetos para os locais de internação, alguns poderiam ter tentado evadir-se. De modo geral, não faltavam oportunidades. Mas, no fim das contas, poucos fizeram isso. Não porque os outros, os que continuavam no vagão, lhes dissessem: "Mas, se você fugir, o que vai acontecer conosco?" Não. Tratava-se de outra coisa. Persistia a impressão de que o pior não aconteceria. Mantínhamos uma forma de esperança e essa esperança manifestou-se em toda parte, justamente quando vivíamos no centro do maior perigo.

Tudo se acelerou em setembro de 1943, quando os italianos assinaram um armistício e evacuaram a cidade de Nice. Os alemães os substituíram e nós caímos num outro mundo. Antes mesmo da chegada das tropas alemãs, a Gestapo* instalou-se no hotel Excelsior, em pleno centro da cidade. Então a caça aos judeus começou realmente.

Nossos documentos de identidade deviam portar a letra *J*, de "judeu". De minha parte, percebi bem a nova ameaça, não queria que a família fosse ao comissariado. E por fim todo mundo foi. Minha irmã Denise achava que não ir equivalia a renegar o que éramos.

Quanto ao estado de espírito de meus pais, continuava mais ou menos o mesmo:

---

* Os termos seguidos de asterisco estão explicados no Glossário, p. 219.

"Precisamos respeitar a lei. Se não estivermos em ordem, damos um pretexto para nos prenderem." Essa armadilha fora bem pensada, bem concebida pelas autoridades alemãs, mas também pelas autoridades francesas. As famílias judias cediam à pressão e caíam por si sós no laço. Meu pai e eu falávamos disso. Mas fazer o quê? Não tínhamos mais dinheiro. Em Nice, pelo menos conhecíamos pessoas que podiam proteger-nos. Sair estrada afora não dava nenhuma garantia suplementar. Ao contrário, fazia surgirem outros perigos.

Minha irmã Denise e eu éramos muito ligadas a duas meninas cujos pais tinham uma farmácia bem em frente ao liceu. E imediatamente depois da evacuação do exército italiano, no início de 1943, essas duas meninas foram presas com os pais. Era a primeira prisão entre as pessoas próximas de nós. Nossos olhos se abriram. Naquele momento, minhas irmãs Denise e Madeleine, chamada de Milou, que faziam escotismo, estavam participando de um acampamento de escoteiras. Meu pai avisou-as e pediu que não retornassem a Nice. A mais velha, Denise, rapidamente juntou-se à rede de resistência Franc-Tireur, na região de Lyon. Minha irmã Milou, por sua vez, voltou para morar conosco, pois seu trabalho contribuía para nossa sobrevivência material. Quanto a meu irmão Jean, ele explorou os arredores de Nice em busca de um esconderijo. Foi a pé para o interior, até Courmettes, uma área de mata e montanhas que servia de acampamento para nosso grupo de escoteiras. Foi mal recebido. Sentiu que ali não estaria em segurança. Assim, também voltou para casa. O perigo estava se aproximando. A diretora do liceu, onde eu estava na turma de filosofia[7], convocou-me. Dois alunos judeus do liceu haviam sido detidos. Se a Gestapo ou os SSs* viessem buscar-me, dizia ela, ela não poderia proteger-me. Portanto, pediu-me que ficasse em casa.

Entretanto, nesse liceu reinava um clima muito republicano, assim como no grupo de escoteiras e nos outros meios em que vivíamos antes da guerra. Discutiam-se posições partidárias, mas as posições extre-

---

[7] Ou seja, no último ano letivo do ensino médio. (N. da T.)

mistas eram combatidas. Em história, líamos o manual de Malet e Isaac, um clássico que nos acompanhava desde os nove anos de idade até a turma de filosofia. Os eventos históricos eram interpretados num sentido republicano. A Revolução Francesa de 1789 recebia, mesmo com relação ao período do Terror, a bênção dos historiadores: era a certidão de nascimento da França moderna. As vitórias da nação eram celebradas. Em contrapartida, sobre a Comuna de Paris Malet e Isaac tinham uma posição menos categórica. Além disso, no liceu Albert Calmette de Nice todo mundo se conhecia. Nem minhas irmãs nem eu éramos alunas extraordinárias, mas o clima era tolerante e amigável. Ingressei nele no jardim de infância, devia sair no ano de filosofia. Quando a diretora, depois de três meses, me avisou que não podia me manter lá, sofri muito. Aquilo não se parecia com o que eu vivenciara no liceu. Prontamente, vários colegas de classe, que, aliás, reencontrei depois da deportação, levaram meus deveres aos professores, que muito naturalmente fizeram questão de corrigi-los. A instituição continuava benevolente para comigo.

Isso aconteceu em novembro de 1943. Mamãe estava muito mais inquieta do que papai; em todo caso, demonstrava mais. Ela havia sofrido uma cirurgia bastante grave na primavera de 1943 e não se recuperara bem. A vida diária tornara-se terrivelmente complicada. Meus pais haviam conseguido carteiras de identidade falsas. Parei de ir ao liceu, ia trabalhar na biblioteca municipal com documentos falsos em nome de Jacquier. A pedido de mamãe, professores do liceu propuseram hospedar-nos. Minha irmã foi para a casa de seu professor de química, eu fui para a casa de minha professora de letras clássicas, a senhora de Villeroy.

Essa família, tradicional e um pouco excêntrica, morava num belo edifício do bairro de Cimiez. Compartilhei o quarto de sua filha caçula, Brigitte, então com 4 anos de idade. Em 1943, não tínhamos mais nem endereço oficial nem recursos. Os Villeroy encarregaram-se de mim. Nunca aceitaram nada de meus pais.

O perigo aumentava de grau em grau. Todo mundo percebia isso. Indo prestar o *bac*[8] com meus documentos verdadeiros, nos quais figurava meu sobrenome Jacob, eu corria riscos enormes. Ainda na véspera eu saíra com meus documentos falsos. De modo geral, a verdade é que eu me aventurava o mínimo possível fora da casa. Vivia entre o apartamento dos Villeroy e seu jardim. A ameaça pairava a cada momento. As pessoas do edifício – vasto, confortável e bem situado – podiam perguntar-se quem eu era, o que estava fazendo ali e por que tomava conta de uma criança, toda manhã, ao mesmo tempo que me preparava para o *baccalauréat*.

Quanto ao exame em si, eu me tranquilizava com a ideia de que era organizado por professores franceses. Como se fosse garantia suficiente. Tinha, porém, um senso agudo do perigo. Os refugiados que havíamos escondido em 1941 já haviam sido presos. Gostaria de sair de Nice, mas não tentaria isso sozinha. Nós nos dizíamos: "Contanto que fiquemos juntos, o resto não tem importância."

A situação das pessoas com relação a uma eventual prisão dependia de muitas coisas. Os estrangeiros eram inevitavelmente mais vulneráveis. Olhando-se as listas de deportados na totalidade do período, encontram-se dois terços de pessoas de origem estrangeira e um terço de franceses. Os estrangeiros tinham menos relacionamentos, principalmente os últimos a chegar. Muitas barreiras se erguiam diante deles: a língua e até mesmo o sotaque, a falta de dinheiro e de conhecimento do país. Alguns assumiram o risco de esconder-se no próprio local. Albert Grunberg, em seu livro intitulado *Journal d'un coiffeur juif à Paris sous l'Occupation*, conta que viveu dois anos no sótão de seu imóvel. Todos seus vizinhos, e mesmo os moradores do bairro, sabiam. Ele teve muita sorte.

Psicologicamente, a tomada de consciência do risco era muito desigual. Muitos parisienses que portavam a estrela amarela pensavam que lhes bastaria seguir as novas regras para escapar da perseguição. Uma vez apanhados no laço, foram tomados de uma espécie de fatalismo misturado com incompreensão.

---

8 Designação corrente do *baccalauréat*. (N. da T.)

A maioria tinha a sensação de estar à mercê do acaso. Assim, nem sempre os que tinham tomado em tempo as iniciativas corretas se salvaram. Em Nice, por exemplo, alguns judeus foram logo esconder-se nas montanhas, já no período da ocupação italiana. Havia, por exemplo, esconderijos acima de Saint-Martin-Vésubie. Esses, os alemães subiram as montanhas para prendê-los. Inversamente, alguns escaparam de ser presos, pautando-se pelos regulamentos e portando a estrela amarela durante toda a Ocupação.

Quando, graças à ajuda de não sei mais qual rede, obtivemos nosso documento de identidade falso com o sobrenome Jacquier, nos sentimos protegidos, mas nem por isso pensamos em ir embora. Ir para onde? Como, sendo tão numerosos, viver longe de nossa casa? Também era preciso enfrentar o perigo do transporte. Ficamos muito aliviados ao saber que meus tios haviam conseguido passar para a Suíça. Tinham família lá e conseguiram ir. Mas, se minha família houvesse tentado entrar na Suíça sem papéis, sem relações nem caução financeira, sem dúvida teríamos sido rechaçados.

A falta de dinheiro não era o único obstáculo. Muitas vezes o dinheiro não servia para nada. Famílias muito conhecidas, muito ricas, foram presas e deportadas.

Foi o caso, por exemplo, da família Camondo. Eu tinha uma colega de classe de uma família muito próxima dos Camondo. Ela se escondera em Caen, o que não se revelou muito melhor que Nice, mas saiu de lá sã e salva. Seus pais, por sua vez, foram deportados como personalidades judias. Foram para Bergen-Belsen e, apesar de bastante idosos, voltaram de lá. Já seus primos Camondo foram todos deportados.

As provas do *baccalauréat* aconteceram muito cedo naquele ano, já no final do mês de março de 1944. Por que tão cedo? Parece que as autoridades temiam um desembarque no Mediterrâneo. Em Nice, haviam fortificado um pouco a orla da praia e queriam ver o mínimo possível de jovens na cidade. Antecipando a data do exame esperavam incentivar as famílias e os jovens a deixarem a cidade antes do verão. O exame oral havia sido eliminado. Assim, fui fazer as provas. Durante meses eu não lera quase nada além do estrito programa escolar, quando muito lera um jornal. Entretanto, trabalhara seriamente até o último dia. Sentia-me mal preparada em filosofia e tinha a sensação de não saber mais destrinçar um texto. Abordar essa matéria lendo as aulas e tentando compor sozinha uma dissertação não era nada fácil. Em filosofia, nunca sanei minhas lacunas. Quanto ao restante, bizarramente, o episódio do *baccalauréat* se apagou de minha memória. Não sei mais onde foi o centro de exames. Não me lembro mais nem do cabeçalho das provas.

Em compensação, lembro-me perfeitamente do dia seguinte. Logo de manhã desci para o jardim com a criança de quem devia tomar conta. No meio da tarde eu tinha um encontro combinado com colegas de Nice, perto da avenida Georges-Clemenceau. Queríamos simplesmente comemorar o fim das provas. O dia estava bonito, nós passeamos... Dois alemães em trajes civis pediram nossos documentos. Com eles estava uma mulher, uma russa que trabalhava para a Gestapo. Meus amigos mostraram seus documentos. Para eles, tudo certo. Quando apresentei os meus, os dois alemães me disseram que meus documentos eram falsos. Protestei. Eles não me deram ouvidos. Levaram-me para o hotel Excelsior, uma das sedes da Gestapo. Também prenderam dois de meus colegas.

No Excelsior, em minha lembrança fomos todos interrogados no mesmo escritório. Parece-me que o interrogatório começou por mim. Não durou muito. Protestei: "Não, de modo algum, eu me chamo assim, nasci aí etc." Eles me confundiram mostrando-me uma pilha de carteiras de identidade não preenchidas nas quais figurava a mesma assinatura com tinta verde que na minha. Teriam deparado com um estoque daquelas carteiras falsas? Teriam fabricado-as eles mesmos para preparar uma armadilha? Eu nunca soube.

Mas compreendi que todas as carteiras de identidade de minha família eram falsas. E então cometi um erro fatal. Pedi àquele colega que não era judeu e que estava prestes a sair livre dali que avisasse as pessoas que me hospedavam para que eles mesmos avisassem minha família. Mas naquele dia meu irmão Jean havia faltado a um encontro com mamãe. Para tentarem reencontrar-se, ambos foram ao edifício dos Villeroy, o que nunca faziam. Minha irmã Milou estava morando num outro andar do mesmo edifício. Foi um trágico concurso de circunstâncias. Quando o encontro não aconteceu, mamãe foi procurar Milou no edifício dos Villeroy, aonde meu irmão, por acaso, tivera a ideia de ir procurá-las. Eu não podia imaginar que todos os três estavam no edifício. O colega que saiu para avisá-los foi seguido pela Gestapo.

A armadilha se fechou sobre eles. Minha família foi presa naquela mesma noite. Eu havia pensado apenas no risco dos documentos falsos, não naquele risco. Muito mais tarde, algumas pessoas me disseram: "Um dos dois rapazes certamente estava de conluio e denunciou vocês." Hoje, digo francamente, não sei. Reencontrei um daqueles dois rapazes depois da guerra. Nenhum dos dois sabia que minha irmã também estava escondida no edifício.

Naquele dia eu também tinha um encontro marcado com uma amiga de infância que eu via muito. Seus avós haviam sido presos naquele mesmo dia. Devíamos encontrar-nos um pouco mais tarde e ela inquietou-se ao não me ver chegar. Desconfiou, e conseguiu voltar para casa escapando das inspeções. Por um lado, assumíamos riscos ao sair com nossos documentos falsos e, por outro, prestávamos muita atenção nos horários. Evitávamos ficar esperando a outra pessoa e permanecer tempo demais nos lugares públicos. Minha imprudência era ainda mais flagrante.

A chegada de minha família ao Excelsior mergulhou-me no desespero. Mamãe, por sua vez, mostrava-se quase aliviada por me ver. Ela temia acima de tudo a separação. Entretanto, não tínhamos nenhuma ideia de como sair daquela situação. Tentávamos apenas nos convencer de que o pior não era certeza. Tentávamos tranquilizar-nos mutuamente. Um olhar racional para a situação só podia levar ao mais total pessimismo. Era preciso ter esperança de alguma coisa. Mesmo em Auschwitz-Birkenau, muito além de qualquer lógica, ainda esperávamos alguma coisa. De um ponto de vista racional, matemático, por mais que alguém se convença de que não voltará, quer acreditar que ainda resta uma chance.

O hotel Excelsior estava sujo e lotado. Ao ver todas as pessoas que eram levadas para lá em pequenos grupos, detidas nas ruas de Nice ou em suas casas, tínhamos a sensação de que a armadilha se fechara. Estávamos entrando na tragédia. Nós a sentíamos sem conseguir representá-la em nossa mente. Anunciaram-nos que partiríamos para o campo de Drancy, mas não imaginávamos que esse campo seria somente uma etapa. A representação do futuro avançava passo a passo. Foi só quando chegamos a Drancy que previmos o que nos esperava depois.

Ao mesmo tempo, todas as pessoas confinadas naquele hotel compartilhavam um sentimento de ruptura definitiva. Eu ficava remoendo o que poderia ter sido feito, o que eu deveria ter feito para evitar que mamãe, minha irmã e meu irmão também fossem presos. Como eu poderia não ter tentado avisá-los? Eu caíra no laço. Circunstâncias excepcionais haviam atuado. Essa culpabilidade continua em mim.

Inteiramente requisitado, o Excelsior era um hotel de segunda categoria, perto da estação ferroviária de Nice. Nos quartos, dormíamos em colchões no chão. Devido às dimensões do hotel, alguns soldados armados eram suficientes para a vigilância. Paradoxalmente, a alimentação era correta, melhor do que a que podíamos obter fora dali. Também me lembro de um SS de origem alsaciana que tentava vagamente reconfortar-nos e melhorar o dia a dia. Ficamos ali apenas quatro ou cinco dias.

Davam-nos a possibilidade de escrever e incentivavam-nos a isso. Tratava-se de mandar trazer roupas, material de higiene, uma valise, um cobertor... Mamãe havia começado a escrever e nós, os filhos, interceptamos, se ouso dizer, a carta que ela estava endereçando a uma amiga para pedir-lhe que nos ajudasse.

De fato, tudo aquilo era extraordinariamente bem calculado e organizado pelos alemães. Por um lado, para tranquilizar-nos, a Gestapo alimentava a ilusão de que iríamos viver em família. Devíamos pensar que íamos sobreviver em condições aceitáveis. Por outro lado, para eles se tratava de recuperar tudo o que pudesse ser recuperado. Pois as roupas e os objetos enviados para os prisioneiros eram imediatamente confiscados. Em Drancy, em Auschwitz, os depósitos estavam repletos deles. Eram um tesouro de guerra. Em seguida foram distribuídos em toda a Alemanha. As roupas frequentemente continham dinheiro ou joias. Logo na chegada tudo era confiscado, selecionado, utilizado, redistribuído, e representava recursos consideráveis.

Em 6 de abril de 1944 embarcamos no trem para Drancy. Pouco antes da partida, os SSs lançaram-nos esta ameaça: "Se um de vocês fugir, todo o vagão será executado..." Meu irmão Jean disse consigo: "Minha parte do risco eu assumo. Mas não posso fazer os outros correrem o risco de ser fuzilados ou sofrerem até mesmo a menor consequência." Ele não tentou fugir durante o trajeto. Sua reação foi a de muitos jovens. Sabe-se hoje que, ao longo daqueles transportes de deportados, episódios de evasão ocorreram sem necessariamente provocar represálias. Os que ficavam sofriam apenas uma vigilância mais rigorosa. E entretanto essa ameaça, vinda dos SSs ou de simples soldados das *Wehrmacht**, bastava. Fizeram-me um relato horrível, de um dos últimos trens de julho de 1944, nos quais as fugas foram mais numerosas. Um jovem fugiu sob as maldições dos pais, que permaneceram no trem e temiam as consequências. A chantagem permanente funcionava muito bem. Além disso, era a última vez que viajávamos num vagão comum. Depois, entre Drancy e Auschwitz, ficou muito mais difícil.

Em Drancy, chegamos juntos: mamãe, meu irmão Jean, minha irmã Milou e eu. Isso durou apenas alguns dias. Só fomos separados na véspera de nossa partida. Jean ficara sabendo que os homens válidos com idade mínima de 16 anos podiam optar por não partir. Parecia muito claro, haviam-lhes anunciado que tinham boas possibilidades de permanecer na França e trabalhar na construção da muralha do Atlântico para a organização Todt. Jean, que tinha 18 anos, falou conosco e naturalmente todo mundo lhe aconselhou a mesma coisa: "Se há uma chance de ficar na França, você deve tentar." Não discutimos muito tempo.

Ficar na França era manter uma chance de fugir, de esperar um eventual desembarque aliado. Durante toda nossa deportação, conservamos a esperança de que Jean estivesse são e salvo. Muito mais tarde, depois de nossa libertação, soubemos que meu pai, alguns dias depois de nossa partida, havia se encontrado com ele em Drancy. Achamos os nomes dos dois numa lista de deportados mandados para Kaunas, na Lituânia.

Daqueles dias passados em Drancy, de 7 de abril ao alvorecer de 13 de abril de 1944, guardo lembrança sobretudo de uma grande angústia. Nenhuma informação circulava. A vida material, principalmente quanto à alimentação, era pior que no hotel Excelsior. Havia também as tarefas. Para nós, era descascar legumes. Hoje, as condições materiais de Drancy, apesar de sórdidas, se desvanecem em minha memória. São eclipsadas pelo que vivemos em seguida. A principal preocupação da maioria dos detentos era escapar do comboio quinzenal. Mas para isso era preciso ser médico ou fazer parte da estrutura administrativa. Os outros não tinham ilusões.

Na noite de 12 de abril, no pátio do campo de Drancy, meu irmão Jean foi separado do restante da família. Aqueles e aquelas que partiriam no comboio do dia seguinte foram confinados à parte: mamãe, Milou e eu de um lado, Jean do outro. Naquele pátio provavelmente havia arame farpado; não me lembro, mas sei que de madrugada ainda podíamos ver-nos. Tivemos tempo de despedir-nos? Não tenho certeza.

A única coisa que importava quando embarcamos naquele trem era ficarmos juntas nós três: mamãe, Milou e eu. Quanto ao restante, os vagões eram todos iguais, sufocantes, superlotados. Estavam projetados para 40 homens e oito cavalos e continham o dobro. Tanto fazia um lugar como outro. Algumas pessoas tentavam apenas aproximar-se da janelinha gradeada para respirar.

Pessoas de todas as idades amontoavam-se ali. Não havia espaço algum para estender o corpo, para esticar as pernas. Se uma criança se deitasse apoiando a cabeça no colo dos pais, isso obrigava os outros a apertarem-se. Entretanto, a maioria não se mostrava agressiva. As pessoas queixavam-se, é claro, crianças choravam, alguns manifestavam mais ruidosamente seu descontentamento. Era muito difícil passar de um lugar para outro. Em meados de abril ainda não estava calor demais, mas não tínhamos ar. Rapidamente a latrina do vagão ficou cheia, nauseabunda. Não tínhamos nada para beber. Antes da partida haviam nos distribuído uma refeição. Perguntamo-nos: "Devemos comer ou não? Não nos arriscamos a sentir ainda mais sede e em seguida ser privados de água?" Não tínhamos a mínima ideia do tempo de viagem. Para onde estávamos indo?

Havia sempre alguém olhando pela janelinha. De repente, o nome Frankfurt am Main foi pronunciado. Era a Alemanha, portanto. Esperávamos que aquela viagem fosse tão curta quanto possível e ao mesmo tempo temíamos o que nos aguardava. Por falta de hábito daquelas condições extremas, mantínhamos um grande pudor. A promiscuidade, o cheiro da latrina, o desconforto... tudo aquilo nos parecia inimaginável. Mas o que encontraríamos no fim da viagem? Conseguiríamos continuar juntas?

Para mim é difícil, 60 anos depois, lembrar-me daquele vagão com muita precisão. Nessas circunstâncias, há sempre alguém para dar lição de moral aos outros, para tentar acalmar os ânimos ou ainda para procurar firmar autoridade.

Havia crianças, bebês, pessoas idosas, doentes. Alguns tentavam introduzir um pouco de humanidade e de respeito mútuo. Outros, é claro, procuravam acima de tudo instalar-se, impor-se, ocupar o espaço. Mas o que eu já sabia confirmava-se: numa situação assim, há os que levam em conta os outros, tentam proteger os mais fracos, e há os que tentam sair-se o melhor possível, mesmo pisando nos outros. Quando digo pisando, é realmente a palavra certa. Quem quisesse mover-se e ficar mais à vontade só podia fazê-lo à custa dos outros.

Ao lado dos gestos de solidariedade havia a lei do mais forte. Ela se manifestava no amontoamento do vagão talvez mais ainda que no interior do campo. Num espaço tão reduzido as tensões são particularmente fortes. O confinamento aumenta a angústia. As pessoas não se conhecem, são de todas as gerações, chegam de todo lugar. Creio que as condições psicológicas eram piores que as do campo. Mesmo os que se conheciam bem poupavam-se da fadiga de conversar. Falar dá sede e não havia água. Tentávamos não ouvir os lamentos, não nos deixar invadir pela aflição dos outros.

No campo, as pessoas eram capazes de cometer coisas totalmente monstruosas contra as outras, por exemplo, roubar sopa, o que em nossas condições de sobrevivência equivalia a um crime. Mas reinava também uma grande solidariedade, pelo menos nos grupos pequenos. Eu não empregaria o termo organização coletiva, porque a palavra "organização", no contexto do campo, soa de um modo particular demais. Mas vínculos estreitos se criavam, vínculos extraordinários que permitiram que as pessoas conservassem um certo senso moral e enfrentassem as piores situações. Nesse sentido, o campo punha à mostra o melhor e o pior.

Evidentemente, essas solidariedades não eram sistemáticas. Nem todo mundo era cuidado. O altruísmo não era generalizado, nem a aceitação dos sacrifícios. Mas era muito raro alguém ficar completamente isolado. Sempre que havia irmãs, ou uma mãe com os filhos, ou amigos de infância, pessoas que haviam se conhecido em Drancy, por exemplo, pequenos grupos unidos se formavam.

A principal solidariedade era a familiar.

Em abril e maio de 1944 um trem ligava Drancy a Auschwitz-Birkenau cada 15 dias. Cada comboio transportava aproximadamente o mesmo número de deportados e o tempo de trajeto era mais ou menos idêntico. Tudo isso funcionava perfeitamente. Partia-se de manhã bem cedo e chegava-se dois dias e meio depois, no meio da noite. Essa chegada noturna não se devia ao acaso: contribuía para desorientar os recém-chegados. Desembarcaram-nos numa plataforma com luzes violentas, projetores. Os SSs estavam lá, os cães ladravam e depois surgiram seres totalmente espantosos. Pareciam presidiários. Presidiários com boinas listradas, como seus uniformes, o que aumentava o espetáculo. Os vagões abriam-se com estrépito, os SSs berravam *Raus, raus!* [Fora, fora!] Viam-se apenas homens, nem uma única mulher. Esses homens precipitavam-se sobre os vagões para arrancar os passageiros. Saíamos sem nossas bagagens, quando muito algumas conservavam sua bolsa de mão. Todo mundo se ajuntava na plataforma. Algumas famílias, alguns amigos conseguiam permanecer juntos. Mas, sob a pressão dos SSs, tudo era muito rápido. Estávamos desnorteados, abatidos, principalmente enrijecidos. Os cães nos mordiam. O alto-falante expressava-se em alemão e francês. "Em fila de cinco!" Tudo acontecia muito rápido. Atravessamos uma espécie de pórtico e depois passamos diante de um grupo de SSs. Entre eles estava Mengele, cujo rosto nunca esquecerei. Não sabíamos onde estávamos nem o que ia acontecer conosco. Os deportados franceses, aqueles personagens vestidos de presidiários, não queriam dizer-nos coisa alguma, nem sobre o lugar onde estávamos nem sobre o que nos esperava. Alguém me perguntou minha idade. Recebi este conselho: "Diga que tem 18 anos!" Obedeci. Mais tarde, compreendi.

Para nosso comboio o limite de idade não importou, porque uma epidemia de tifo havia esvaziado parcialmente o campo. Portanto, ainda havia espaço e a seleção foi menos brutal. Os que ainda não tinham 18 anos não foram eliminados. Até mesmo deixaram entrar adolescentes de 15 anos. Em outros comboios, apenas os que tinham entre 20 e 25 anos escaparam da câmara de gás.

Naquele momento, evidentemente, não sabíamos de nada.

Nem por um segundo podíamos imaginar o que estava acontecendo. Numa situação assim, tudo o que imaginarmos está errado. Limitamo-nos a viver cada momento, sem saber que o momento seguinte reserva algo ainda pior.

Ouvíamos: "Para os que estão cansados, que estão doentes, para as crianças, há caminhões, é daquele lado, vocês se encontrarão de novo em seguida." Os que não se dirigiam espontaneamente para os caminhões tinham direito à "seleção manual". Pessoas nos empurravam e gritavam: "Por aqui, por aqui!" Homens e mulheres eram imediatamente separados, as famílias, dispersadas. Fomos parar em várias colunas, depois formaram-se três grupos. Minha mãe, minha irmã e eu tivemos a sorte, o privilégio de ficar juntas. Não imaginávamos que os adultos, as crianças e as pessoas idosas também iam ser separados, depois de ouvirmos estas palavras tranquilizadoras: "É só por esta noite, depois vocês se encontrarão de novo."

Em seguida, caminhamos até o campo. Era noite, não se via muita coisa. Fizeram-nos entrar numa espécie de grande galpão vazio, com chão de concreto. Havíamos conservado nossas roupas, algumas ainda tinham sua bolsa de mão. Apesar da carência de sono, não tínhamos vontade de dormir, mas muitas cochilaram um pouco, no chão mesmo. De madrugada, confinadas no galpão, fomos despertadas por mulheres vestindo batas listradas. "Entreguem-nos suas joias, seu dinheiro", diziam-nos, "de qualquer forma eles serão tomados de vocês!" E tentaram tirar de nós alguns objetos valiosos ou simplesmente úteis. Vendo isso, uma colega que eu conhecera em Nice e que trazia consigo um frasco de perfume Lanvin – sempre vou me lembrar disso –, em vez de concordar em entregá-lo, esvaziou o frasco sobre nós e sobre ela. Tenho o mesmo perfume hoje em meu banheiro. Faz-me pensar nela.

Em seguida, ainda vestidas, passamos diante de uma espécie de guichê. Tatuaram-nos um número no braço. Num instante, compreendemos que estávamos fora do mundo. Aquilo não era uma prisão comum. Aquela encenação significava nossa exclusão. O efeito que produzia em nós era perfeitamente calculado.

Depois da tauagem, direcionaram-nos para uma espécie de sauna. Sob os chuveiros, nos vimos totalmente nuas. Para nos vestirmos novamente recebemos farrapos infestados de insetos parasitas. Depois cortaram-nos o cabelo, mas sem tosar-nos integralmente.

Em plena noite, no galpão, as que haviam sido separadas da família começaram a perguntar, de modo muito insistente, o que acontecera com os outros. Elas não tinham mais notícias. Então a resposta saiu da boca das *kapos**: "Ora, os que estavam com vocês... olhem, olhem a chaminé, eles já se foram, foram gaseados e queimados. Aquela fumaça, aquilo é o que resta deles."

Inicialmente, pensamos ser uma tentativa de desmoralizar-nos. Não podíamos imaginar, não podíamos compreender. Quanto a mim... Se naquela hora nos tivessem dito "Eles estão mortos" ou "Eles foram para outro campo" ou ainda "Não sabemos o que foi feito deles", provavelmente eu teria acreditado.

Mas, dito de modo tão brutal e tão rápido, penso que não, não acreditei, ninguém podia acreditar numa coisa assim. Hoje aquela mensagem terrível me parece desprovida de cinismo. Em sua maioria, aquelas vigias também eram deportadas. Consideravam que era melhor não ter ilusões. Seu realismo era absoluto. De fato, era nisso que devíamos acreditar, era isso mesmo que devíamos compreender, e bem depressa. Mas foi somente durante a quarentena, ao ouvirmos as francesas do campo, que compreendemos. Aquela realidade não podia ser inventada. E além disso havia o cheiro. O tempo inteiro aquele cheiro terrível. Era tão próximo, tão perceptível...

O que dava peso às revelações das outras deportadas era também a brutalidade imediata dos guardas. Não se tratava de uma administração comum. Não era um simples campo com regime rigoroso. Percebíamos uma intenção de nos desmoralizarem, de nos mergulharem num outro mundo. Aquele lugar era absolutamente à parte. Nossa chegada, as duchas, a distribuição de trapos para usar como roupa, os calçados desemparelhados, inutilizáveis...

Não era uma detenção comum. Mais tarde, em Bobrek, deram-me um vestido listrado que me pareceu um luxo. Portanto, muito rapidamente, compreendemos. Distribuíram-nos sopa numa velha tigela totalmente enferrujada, uma única tigela para três, sem colher. E nos dissemos: "Mas em que mundo viemos cair?" O pior era estar sozinho. Aí a pessoa podia ir abaixo. Os solitários tentavam reencontrar alguém, muitas vezes um ex-companheiro de detenção que conheceram na prisão ou em Drancy. Quem despertava mais compaixão eram as mães que tinham sido separadas dos filhos na chegada. Elas não tardaram a saber da verdade. Algumas morreram logo.

Nosso desembarque na rampa de Auschwitz, com os projetores, a luz brutal, os berros, os cães, as roupas listradas, tudo isso era encenação. O objetivo era desorientar-nos, aterrorizar-nos. Era preciso manter-nos na ignorância de nosso destino e do destino de nossos próximos. Era preciso extinguir toda intenção de revolta, toda tentação de indisciplina. Na verdade, estávamos petrificadas. Era noite. Imediatamente nos integramos naquela organização rigorosa, aceitamos fazer filas, homens de um lado e mulheres do outro, aceitamos ver os outros partirem em caminhões sem imaginar que nunca mais iríamos revê-los.

Tudo correspondia a uma organização muito precisa e, entretanto, reinava ali uma grande incoerência. Pessoas que eles haviam deixado famintas, que eles estavam prontos para matar a qualquer momento, que sofriam regularmente seleções para a câmara de gás, essas mesmas pessoas, por preconização de um médico, podiam ter direito a pão branco.

Foi o caso de mamãe, mais tarde, em Bobrek. Ela recebeu pão branco que os próprios SSs poderiam ter-lhe invejado. Mas o chefe do campo também poderia ter passado de improviso e dito: "É preciso matá-la." Ela teria sido morta imediatamente. No próprio cerne da ordem o absurdo reinava.

Pouco antes da liberação dos campos essa incoerência chegou ao auge. Naquela hora os próprios SSs sentiram-se ameaçados. Seria de pensar que as autoridades alemãs, inclusive as dos campos, teriam como prioridade a evacuação dos civis e a organização de sua defesa. Mas até 8 de maio de 1945 ou quase, os alemães priorizaram a evacuação dos deportados. Fizeram que eles partissem pelas estradas, de tal modo que nem os refugiados nem os comboios militares podiam mais passar. Isso aconteceu em Gleiwitz, num momento em que o Exército Vermelho estava muito perto, em que os SSs temiam cair prisioneiros, em que a população civil alemã pedia para ser evacuada. Mas foram os deportados que eles evacuaram primeiro, em grande número, ao passo que sem dúvida não teria sido difícil matá-los onde estavam. É bem verdade que isso teria deixado vestígios demais... Poderiam simplesmente ter nos deixado lá. De qualquer forma, muitos teriam morrido. Assim, os deportados partiram a pé, em massa, atravancando as estradas pelas quais as tropas alemãs, os tanques, mas também os refugiados civis tentavam passar.

Haveria uma lógica por trás de tudo aquilo?

Segundo alguns historiadores, para Hitler a prioridade – esta é uma das especificidades da Shoah – não era o fim da guerra, nem mesmo a vitória, mas a exterminação dos judeus. Para nós, dia a dia, isso parecia absurdo. Em 1948 David Rousset publicou um livro, *Le Pitre ne rit pas* [O palhaço não ri], evocando o clima caótico do fim da guerra. Ele enfatiza aquela loucura.

Volto aos primeiros dias. Nosso estado de estupor durou bem um dia. Entre a ducha, a sauna, as roupas em farrapos, tínhamos apenas perguntas sem resposta. Depois, com pavor, descobrimos os blocos*. Eram longos barracões de tijolo, com chão de concreto e um vago aquecedor no meio. Havia fileiras superpostas de armações de cama que chamavam de *coya** – certamente uma palavra polonesa –, uma espécie de gaiola sem grades, guarnecida de um enxergão. Ali ficávamos amontoadas cinco ou seis por andar, às vezes cabeça de uma com pés da outra, devido à falta de espaço. Deitávamos ou no nível do chão, ou no meio, ou no alto. Os andares de cima, mais espaçosos, eram os mais procurados. Havia dois ou três cobertores para todo mundo. Minha mãe, minha irmã e eu ficamos juntas. Fomos deitar num lugar qualquer, ao acaso. Evidentemente, não havíamos escolhido nosso bloco.

Durante o dia quase nunca estávamos ali. Depois da interminável chamada da noite, tínhamos uma única ideia: tentar dormir. Às quatro ou cinco horas da manhã era o despertar, depois uma nova chamada interminável antes de irmos de novo para o trabalho. Portanto guardei pouquíssimas lembranças das que compartilhavam nosso primeiro bloco. Não podia haver uma "vida de bloco", exceto em alguns momentos livres, principalmente no domingo. Além disso, logo nos mudaram de lugar. Não tivemos tempo de nos ligarmos a nossas vizinhas. De minha parte, principalmente nas primeiras semanas, durante minha breve quarentena, procurei encontrar jovens de minha idade. Mamãe, por sua vez, fez algumas amigas. Acima de tudo, estávamos juntas, estreitamente unidas. De que falávamos? De papai, de meu irmão Jean, do que podia ter-lhes acontecido, de minha irmã Denise, esperando que ela não houvesse sido presa.

Nas conversas no campo, um assunto voltava regularmente: o desembarque dos exércitos aliados. Corriam rumores sobre isso. Não tínhamos jornais, estávamos isoladas de tudo. Mesmo assim, em junho de 1944 os rumores circularam mais insistentemente.

Nosso trabalho era muito duro, tínhamos de transportar trilhos para a rampa de chegada. Confiavam-nos tarefas extenuantes cujo objetivo nunca compreendíamos. E ali, perto daqueles trilhos, lembro-me de ter encontrado um pedaço de jornal. Perguntei-me se não teria sido uma SS auxiliar que o largara ali. Essa mulher nos deixava relativamente em paz; talvez estivesse ocupada com uma ligação amorosa com um trabalhador civil, não sei de nada, em todo caso ela se mostrava quase amável. Perguntei-me se aquela página de jornal, totalmente insólita no campo, não teria sido posta ali expressamente para informar-nos. Nela se via um mapa da península do Cotentin, com flechas indicando avanços nesta ou naquela direção. Era diferente dos simples boatos que corriam. Equivalia a uma confirmação e dava mais esperança.

Em Auschwitz eu evitava as conversas intermináveis sobre o que íamos fazer quando recuperássemos a liberdade, sobre o que umas e outras iam comer...

Mais tarde, em Bobrek, embora o trabalho continuasse muito duro e estivéssemos sem energia, estávamos livres das chamadas intermináveis e dispúnhamos de um pouco mais de tempo. Houve então outras conversas, mais elaboradas. Havia conosco comunistas francesas. Com elas, discussões políticas sérias podiam entabular-se, cada uma tentando convencer a outra. Na maioria do tempo eu não participava, mas eram conversas de alto nível.

Durante a quarentena, tive tempo de conhecer outras deportadas. Ainda estávamos com boa saúde, a maioria de nós. Ainda não havíamos compreendido inteiramente a realidade do campo. Algumas haviam se conhecido em Drancy e compartilhado o mesmo comboio. As mais jovens deviam ter 15 anos. A média de idade estava entre 20 e 30 anos. Assim, nasceram afinidades. Falávamos da família, dos amores, do trabalho. Essas conversas tinham um papel importante nos primeiros dias. Precisávamos encontrar assuntos que nos permitissem uma forma de evasão. As moças quase sempre contavam seus amores perdidos ou interrompidos. Isso podia despertar dolorosamente o passado e não era desprovido de riscos. Tentávamos não escutar as lamentações e, se fosse o caso, acalmar, tranquilizar tanto quanto possível aquelas ou aqueles que se lamentavam. Muitos deportados se lembram do papel essencial dessas conversas. Dizem que elas lhes deram força para continuar em pé. Havia também os que recitavam poemas. Seguramente tudo isso contou. Quanto a mim, não guardei uma lembrança tão precisa.

Com algumas – Marceline Loridan, por exemplo, 18 meses mais nova que eu – continuei ligada a vida toda. Ela e eu chegamos a dar uma rápida escapada pelo interior do campo. Corríamos grande perigo. O simples fato de ir ver uma colega num outro bloco constituía um risco. Durante cerca de duas horas conseguimos escapar do comando* de trabalho. Ficamos escondidas tempo suficiente para não sermos descobertas pelos *kapos*. Essa breve aventura permitiu-nos conhecer uma pequena parte da topografia de Auschwitz-Birkenau.

Era imenso. Os barracões sucediam-se, mais ou menos idênticos, com armações de cama de diferentes tipos. As mais desconfortáveis pareciam caixas de tijolos nas quais os deportados se amontoavam. As *coyas* eram um sistema um pouco mais elaborado.

Marceline e eu nos aproximamos de um bloco onde se ouvia falar francês. Deparamos com moças um pouco mais velhas que nós. Para ideentificar alguém, pelo menos parcialmente, bastava olhar sua matrícula. Elas tinham um triângulo vermelho com *F*, de "francês", no interior. Haviam sido deportadas como resistentes. Mostraram pouca vontade de conversar com jovens judias que não haviam entrado na Resistência. Nossa pouca idade nos tornava totalmente desinteressantes. Ouvimos até mesmo palavras desagradáveis. Foi para nós uma revelação. Estávamos aprendendo o que contrapunha os dois tipos de deportação. Compartilhávamos com elas apenas as consequências, não a causa. Assim, muitos e muitas que estavam ali em razão de seu engajamento político, de suas convicções, de sua coragem consideravam que nada tinham em comum com os judeus deportados. Um grande número deles fora torturado antes de ir para o campo. Em alguns casos o cônjuge havia sido fuzilado. Quanto a nós, tornamo-nos vítimas do que éramos, não do que havíamos feito. Do ponto de vista delas, isso constituía uma grande diferença. Foi só mais tarde, em Bobrek, que me relacionei com duas judias resistentes.

Em Birkenau também fiquei amiga de Ginette Kolinka, cujos pais eram feirantes e que continua morando no mesmo lugar desde a guerra. Ela retomou a profissão dos pais. Entre nós as diferenças de origem, de educação desapareciam completamente. Depois da guerra descobri que uma de minhas companheiras era esposa de um grande banqueiro. Em sua casa havia quadros de Monet e de Renoir. Mas no campo isso nunca surgiu em suas conversas, ela nunca mencionou. Levara uma vida de luxo e nunca falava dela.

No campo, a origem de cada uma, seu pertencimento nacional, as circunstâncias de sua detenção, tudo isso contava muito. Quanto a mim, sentia-me acima de tudo francesa. Talvez isso se devesse em parte às circunstâncias de minha prisão. Alguns companheiros meus haviam sido presos pela polícia francesa; eu, pela Gestapo. Em Auschwitz-Birkenau eu percebia a clivagem entre judeus e não judeus, mas outra solidariedade, mais forte, baseava-se na nacionalidade ou na língua. As que falavam francês – as francesas e as belgas – se agrupavam. Era uma questão de cultura. E a cultura continuava acima de tudo nacional. Quanto às judias alemãs, elas nos pareciam muito enraizadas em sua cultura alemã. Suspeitávamos até mesmo que conservassem certa indulgência para com seu país. Havia também as polonesas, as eslovacas, as holandesas, as gregas. Todas tinham uma nação de origem. Haviam chegado em comboios diferentes. Seu modo de sobreviver era diferente.

Conheci poucas gregas. Sabíamos que as judias de Salônica haviam sido deportadas no fim do verão de 1942 e que a maioria morrera. Elas não falavam nenhuma das línguas em vigor na administração do campo. Sua sobrevivência deve ter sido extremamente difícil. As deportadas holandesas, por sua vez, passavam por ser provenientes de meios privilegiados. Haviam deixado uma vida refinada, hábitos de conforto. Suportavam ainda pior que nós as condições do campo. Quanto às eslovacas, era o inverso. Haviam sido as primeiras a chegar. Tiveram de construir o campo com suas próprias mãos. Sofreram grandes epidemias. Sua vida fora ainda mais dura que a nossa.

As deportadas mais velhas sofriam mais que as outras. Adaptavam-se com menos facilidade. Algumas pensavam que era preciso imporem-se uma disciplina, forçarem-se a comer, a trabalhar, criarem para si obrigações de modo a não dar ensejo para os imprevistos. Mas não resistiam melhor que as outras... Lembro-me de uma mulher que dizia sempre: "Precisamos nos forçar a comer a sopa." No começo, essa sopa era tão repugnante que, mesmo com muita fome, não se conseguia tomá-la. Ora, essa mulher que se obrigava a tantas coisas não demorou a morrer de disenteria.

Nas primeiras semanas mantivemos o moral. Tenho lembrança de uma ausência de mesquinharias, de uma ausência de lamentações inúteis. No início, pensávamos que íamos sair daquilo. Foi depois da quarentena que o moral baixou. Foi preciso sofrermos a violência das chefes de bloco, muitas delas eslovacas ou polonesas. Aquelas *stubowas** faziam reinar o terror. Se nos demorávamos um pouco de manhã antes de sair para a chamada, se não deixávamos os cobertores dobrados em quatro, impecáveis, recebíamos imediatamente tapas e golpes. Achávamos aquelas *stubowas* odiosas. Eram moças muito jovens.

Desde 1939-1940 elas haviam conhecido apenas os guetos e os campos. Tinham visto grande número de pessoas morrerem, sua família desaparecer. Tudo isso as endurecera terrivelmente. Elas não só nos batiam como reservavam para si o fundo do balde de sopa, mais espesso e mais nutritivo, bem como os restos do pão. Podiam, alguns dias, dispensar do trabalho esta ou aquela deportada. Até mesmo exigiam remuneração para isso. No início seu poder nos parecia exorbitante, mas não demoramos a compreender que em Birkenau o único poder verdadeiro emanava dos SSs. Só eles tinham o domínio sobre tudo o que realmente importava. As sevícias pesadas eram privilégio deles.

Depois da quarentena, nos meses de maio e junho, tudo se agravou. Minha primeira atividade foi descarregar vagões carregados de pedras. Não sabíamos para que servia tudo aquilo. Tínhamos a impressão de que as pedras desempenhavam um papel considerável na atividade do campo. As pedras, os trilhos, tudo aquilo servia para intermináveis aterros. As mulheres nada entendiam de eletricidade, portanto estavam destinadas aos trabalhos mais pesados.

Carregávamos aquelas pedras ou enormes sacos de cimento em largas padiolas, uma espécie de carrinhos de mão sem rodas que levávamos com os braços estendidos. Quando os SSs consideravam que elas não estavam devidamente cheias, faziam que caíssem sobre nossos pés ou as viravam para que as enchêssemos mais. Se escolhêssemos nos vagões pedras muito pequenas, éramos agredidas. Para escapar dos golpes era preciso escolher uma pedra suficientemente grande, mas não pesada demais, para não ficarmos extenuadas. Acabávamos adquirindo um bom golpe de vista. O trabalho não tinha fim. Saíamos de manhã muito cedo, depois de uma longa chamada, e voltávamos tarde. Essa chamada geral englobava todos os blocos de Auschwitz-Birkenau e, se faltasse alguém ou simplesmente se a contagem não batesse, podia durar horas e horas. Tínhamos de permanecer eretas e imóveis durante a chamada, mas algumas cambaleavam e caíam. Quando voltávamos para o bloco à noite e tudo aquilo terminava, só tínhamos um desejo: tentar dormir. Fosse como fosse, acabávamos dormindo e a noite era muito curta. Durante o dia, às vezes conseguíamos fazer pequenas pausas. Por exemplo, devíamos cavar fossos cuja utilidade não compreendíamos. Quando o fosso estava bastante profundo, tentávamos dissimular-nos nele para ter alguns instantes de descanso. Era também a oportunidade para uma rápida conversa... Falávamos de tudo. Nosso ponto de vista era racional, ou seja, sem ilusões – pensávamos que não voltaríamos, que eles iam nos matar –, mas ainda tínhamos esperança, dizíamos: "Nunca se sabe, talvez aconteça um milagre."

O vínculo familiar ajudou-me a resistir. Mesmo nos períodos mais difíceis, até março de 1945, permanecemos juntas. Em março de 1945 mamãe caiu gravemente doente. Até então não houvera uma só noite, um só dia em que não estivéssemos juntas. Mamãe mostrava uma coragem, um moral formidáveis. Estava sempre pronta para nos animar, para nos dizer que íamos sobreviver, que tínhamos de sobreviver, que tínhamos de resistir. Aliás, ela não falava: "É preciso resistir", não fazia um discurso moralizante, era antes uma presença, uma serenidade, um otimismo extraordinários. Mesmo doente e muito emagrecida, sempre manteve uma postura formidável. Nunca ouvi de sua boca, aliás, nem de Milou, injúrias ou palavras violentas.

Minha irmã Milou aprendera a lição. Depois da morte de mamãe, em Bergen-Belsen, Milou e eu fomos evacuadas para casernas abandonadas pelos SSs húngaros. Ali, algumas mulheres estavam reunidas, principalmente francesas. Ao entrar num quarto pisei em alguma coisa que pertencia a uma delas, talvez simplesmente seu colchão. Ela me dirigiu palavras muito desagradáveis e eu mandei-a às favas com grande vigor. Minha irmã, apesar de muito doente naquele momento, me disse não admitir que eu me expressasse daquele modo. Fui repreendida como uma garotinha por ter respondido àquela mulher que me insultara.

No meio da grosseria, da brutalidade que caracterizavam as relações humanas em Auschwitz, mamãe e Milou sempre preservaram sua dignidade. Às vezes chegavam a aceitar uma usurpação de seus direitos, um risco a suas pequenas posses, ou seja, sua sopa, sua colher etc. para não responderem com a mesma violência de que eram alvo. De minha parte, não fui agredida com frequência. Briguei muito pouco. Era preciso realmente uma agressão declarada para que nos engalfinhássemos. Muitas vezes tive sorte. As pessoas mostravam-se protetoras para comigo. Procuravam ajudar-me.

No campo, não se podia estar fraco nem sozinho. Quando a saúde deteriorava, era preciso poder contar com alguém. A luta pela vida assumia uma forma extrema. Assim, entre Auschwitz e Gleiwitz, no momento da grande evacuação, caminhamos 70 quilômetros debaixo de neve, num frio pavoroso. Pessoas no fim das forças aproveitavam-se da fraqueza de mamãe para agarrar-se nela. Seu estado impedia-a absolutamente de amparar quem quer que fosse; ela teria caído ao cabo de alguns metros. Também tínhamos de impedir que lhe roubassem seu pouco alimento. Não só ela não estava em condições de defender-se como acredito que, no fundo, não queria mais lutar para proteger sua sopa. E, naquele mundo, se você não lutasse, era o fim. Pessoas passavam por você e tentavam roubar-lhe o lenço, o casaco ou simplesmente a colher, ou mesmo a tigela em que você estava comendo. Apesar de tudo, havia entre nós solidariedades muito fortes. Nunca alguém teria agredido os familiares.

Mesmo o comportamento das *stubowas* era contraditório. Apesar de sua extrema dureza, frequentemente tinham junto de si uma colega, alguém de sua aldeia, de sua cidade ou que haviam conhecido durante aqueles longos anos de gueto e depois de campo. Estabeleciam então relações para sempre. Isso lhes devolvia um pouco de humanidade. Podiam arriscar a própria vida para salvar a outra, repartir o pouco pão que conseguiam. Mas, como tinham visto a família ser executada em sua presença, espancar uma deportada parecia não lhes custar nada.

Duas ou três vezes fui realmente espancada pelos SSs, devido a questões de comida. Uma vez foi em Dora. Havíamos passado lá somente dois dias, desembarcando daqueles trens que atravessaram a Tchecoslováquia, a Áustria, a Alemanha e nos quais tantas pessoas morreram. Chegamos a Dora, um campo pavoroso. As mulheres foram confinadas num barracão um pouco isolado na entrada do campo. Franceses, ao saberem que suas compatriotas estavam lá, vieram ver--nos trazendo sopa. Certamente ocupavam postos de responsabilidade, não se tratava dos operários que trabalhavam nos túneis de Dora e cuja mortalidade foi tão alta. Portanto, esses franceses nos trouxeram sopa, e então chegaram SSs. Uma mulher SS viu aquela sopa e perguntou quem a dera para nós. Respondi: "Não sei, ela já estava aí..." Era a única resposta possível. Então recebi alguns tapas, alguns golpes; aquilo fazia parte da vida no campo.

Outra vez, fui violentamente surrada porque roubei açúcar da cozinha dos SSs. Tinha absoluta necessidade dele para mamãe. Fui surpreendida por um SS, recebi a surra, mas ele me deixou o açúcar e isso era a única coisa que importava. Muitas companheiras minhas, por haverem caído de exaustão durante a chamada, foram postas de pé apanhando. Quanto a nós, tínhamos a sorte extraordinária de sermos três. A todo momento uma ou a outra podia sustentar a que cambaleava. Sofríamos muito com o estado de nossa mãe, mas ver as filhas em tal situação devia ser ainda mais doloroso para ela.

Para mim esse período durou 13 meses no total; para outros, foi muito mais longo. Não podia ser comparado com o que quer que fosse. Estávamos apartadas de toda existência normal e, eu diria, de toda experiência imaginável, acreditável, narrável. Vivíamos num parêntese absoluto. Desde então, aconteceu-me ouvir: "Isso faz pensar nos campos..." Nada pode fazer pensar nos campos. Às vezes me volta uma visão, uma percepção sensorial. Mas nada pode fazer pensar nos campos. Nada. Aquele horror absoluto não se parece com nada que se possa ler, que se possa escrever.

Hoje, quando se retorna à area de Auschwitz, veem-se grama e árvores. Os gramados estão bem cuidados, as construções, em bom estado, com uma bela pátina. Mesmo as cercas de arame farpado parecem tranquilas. Não se percebe que em cada torre de vigia havia SSs com metralhadoras. O que se vê hoje não se parece com o campo. De modo algum. De qualquer forma, esses lugares não transmitem as sensações físicas. O campo era o cheiro dos corpos queimando. Uma chaminé cuja fumaça escurecia o céu. Lama por toda parte. Com galochas nos pés, tropeçávamos na lama. Quanto às árvores, só as víamos de longe. Os SSs e os *kapos* espionavam você, prontos para bater-lhe com seu cassetete de borracha. Aqui ou ali, entre os barracões, circulavam seres que eram quase coisas. Era difícil ver neles seres humanos. Eram deportados que chegaram a um estado de esgotamento total. Eram chamados de "muçulmanos"*. Esses esqueletos vagamente vestidos ficavam no chão, até que os golpes os forçassem a levantar-se.

Voltei de lá profundamente deslocada. O mesmo aconteceu com muitas companheiras minhas. Tínhamos dificuldade em fazer-nos entender. Estávamos voltando de outro mundo e tudo nos parecia... não diria absurdo, pois nós é que tínhamos vivido no absurdo e penávamos para voltar a um mundo normal. Nenhuma comparação tem sentido. Mais do que uma lembrança, trata-se de um sentimento: o sentimento de ter passado para o outro lado do ser humano. Você atinge um limiar de humilhação que depois torna tudo insuportável. Você fica à flor da pele sobre certos assuntos. Esse limiar de humilhação nós atingimos logo na chegada a Auschwitz-Birkenau. Confinaram-nos durante horas num espaço fechado onde não havia nada, onde nos tiraram tudo e nos vimos nuas. Quanto a mim, tive sorte, pois normalmente deviam tosar-nos o cabelo. Algumas mulheres à minha volta tiveram a cabeça raspada, eu não. Mesmo assim, passaram-nos aparelho de barbear no corpo todo. Tatuaram-nos. Fecharam-nos num cômodo que parecia uma espécie de sauna. Ali ficamos horas, pretensamente para uma desinfecção. Ficamos sentadas em bancadas, nuas, expostas aos comentários das guardas, que achavam uma muito magra, outra muito gorda, uma terceira mais ou menos bonita ou feia. Éramos como gado, apalpavam-nos, olhavam-nos, manipulavam-nos, sem poupar-nos nenhum comentário. A obsessão pela desinfecção valeu-nos depois estadas frequentes naquela sauna. As roupas também passavam pela desinfecção. Nós as recuperávamos úmidas e, em geral, ainda mais infestadas de lêndeas e piolhos do que antes.

Assim, frequentemente estávamos amontoadas, fosse para dormir, fosse para aquela suposta desinfecção. Ainda hoje, não suporto mais a promiscuidade. Não consigo tolerar que esbarrem em mim. Evito ir ao cinema quando há fila de espera.

Quando trataram você como carne, é muito difícil você se convencer de que ainda é um ser humano. Esse era o combate que travávamos. O combate mais difícil. Tínhamos fome, tínhamos sede, tínhamos sono. Sofri terrivelmente a falta de sono. Quando ficamos dias sem dormir, não sabemos mais onde estamos, não nos orientamos mais. A sensação que domina é a de um corpo e um espírito humilhados. Mas éramos três, isso nos preservava. Sustentávamo-nos mutuamente sem parar. À nossa volta, pequenos grupos constituíam-se, mas a família era o que havia de mais forte.

Em Auschwitz, tive sorte.

Sem dúvida minha juventude me protegeu. Em primeiro lugar, meu comboio, por um motivo desconhecido, era o único em que as mulheres não tiveram a cabeça raspada. Isso parece sem importância, mas para nós era enorme. Todas as outras deportadas eram regularmente tosadas pelos *kapos*. Seu barbeador passava de qualquer jeito, deixando irregularidades que acabavam de desfigurá-las. Já nós conservamos figura humana.

Quando cheguei ao campo, os dias de Nice não estavam tão longe. A internação em Drancy durara pouco tempo e em condições materiais que não eram comparáveis com as de Auschwitz. Com 16 anos e meio, meu aspecto físico não se assemelhava ao da maioria das deportadas. Quando alguma parecia vir de outro lugar, quando havia conservado a aparência da saúde e da vida normal, as outras, as que estavam lá havia muito tempo, mostravam-se sensíveis a isso.

Assim, fui ajudada por uma judia polonesa jovem, uma arquiteta sobrevivente do gueto de Varsóvia. Ela falava um pouco de francês. Lembro-me de quando a conheci. Era um domingo. Como arquiteta, ela gozava de algumas vantagens no campo. Principalmente, conseguira obter dois ou três vestidos, que me deu. Eu os achava extremamente elegantes. Sem dúvida vinham do comando que fazia a triagem das bagagens dos recém-chegados e que, não sei por que, chamávamos de "o Canadá"*. As jovens desse comando conseguiam desviar uma pequena parte das roupas que estavam encarregadas de despachar para a Alemanha. Dividi aqueles vestidos tão preciosos com Ginette, aquela amiga do campo, que várias vezes me falou disso. Às vezes eu ia encontrar-me com a arquiteta polonesa em seu canteiro de obras, longe daquele bloco abominável onde se ouviam estertores e gritos. Depois de meu trabalho de terraplenagem, às vezes eu ia passar um pouco de tempo em companhia dela.

Aqueles vestidos mudaram meu destino. Eu não me parecia totalmente com as outras deportadas. Uma das chefes do campo das mulheres, uma polonesa chamada Stenia, que diziam ser uma ex-prostituta, mandou-me sair da fila. Perguntou-me, em alemão: "Quem é você?" Respondi, em francês, que eu era francesa e judia. Ela compreeendia um pouco o francês, o que era raro. Perguntou se eu falava alemão, respondi que não. Sem dúvida ela pensava em mandar destacarem-me para um daqueles postos de *Läuferin**, de mensageira, dentro do campo. Essas tarefas eram menos fatigantes e constituíam um privilégio. Stenia me disse: "Você é bonita demais para morrer aqui. É jovem demais. Eu realmente vou fazer alguma coisa por você. Vou encontrar um lugar onde você possa sobreviver." Eu respondi: "Estou aqui com minha mãe e minha irmã. Se pudermos deixar o campo juntas, muito bem. Mas nos separarmos está fora de questão." Depois voltei para a fila. Tinha certeza de que não ouviria mais falar daquela proposta.

Alguns dias depois, cruzando comigo num caminho do campo, Stenia me disse: "Você vai para Bobrek com sua mãe e sua irmã." Bobrek era um lugar um pouco mítico que os deportados mencionavam às vezes. De brincadeira, falavam dele como "sanatório Bobrek". Tratava-se de uma pequena fábrica Siemens que eu imaginava a várias dezenas de quilômetros, sendo que ficava ao lado de Birkenau. Suas condições de internação tinham fama de ser muito diferentes das de Auschwitz-Birkenau. Apenas 250 pessoas viviam e trabalhavam nele. A maioria era empregada na fábrica. Um grupo pequeno era encarregado da terraplenagem.

Assim, foi lá que mamãe, minha irmã e eu estávamos alguns dias depois, entre 35 mulheres alojadas no piso bem em cima da fábrica. Não éramos expostas à chamada da manhã nem à da noite, tampouco aos trajetos extenuantes. Longe da autoridade central, o SS local não impunha a mesma disciplina. Éramos mal alimentadas, mas os gritos e as brutalidades nos eram poupados. Ficamos lá de julho de 1944 a janeiro de 1945.

Na hora de passarmos de Auschwitz para Bobrek, fomos levadas a uma pequena construção na saída do campo. Tivemos de despir-nos. Compreendi que se tratava de uma inspeção médica. Reconheci o médico que inspecionava os recém-chegados na saída do trem. Mais tarde, soube que se tratava de Mengele. Apresentamo-nos a ele, uma depois da outra. Ele afastou mamãe, devido a sua extrema magreza e às sequelas mal cicatrizadas de sua cirurgia. Senti uma angústia pavorosa, mas de curta duração, porque Stenia imediatamente interveio. Disse a Mengele que estávamos sob sua proteção pessoal. Insistiu para que partíssemos as três para Bobrek.

Por que Stenia nos salvou? Suas motivações continuam a ser um enigma para mim. Essa mulher foi enforcada depois da liberação de Auschwitz. Como chefe de campo, era temida. Parece que nunca ajudou ninguém. Então, talvez eu a tenha lembrado alguém. Talvez sua sensibilidade moral tenha atuado e ela tenha posto na cabeça fazer uma boa ação. Creio que fui a única a beneficiar-me dessa inexplicável humanidade.

Mais tarde, depois da evacuação de Auschwitz-Birkenau, cruzei novamente com Stenia, totalmente por acaso, nos caminhos do campo de Bergen-Belsen. Naquele momento eu esperava conseguir um trabalho. As deportadas excedentes que não trabalhavam praticamente não eram alimentadas. Muitas morriam de fome. Em Bergen-Belsen chegou-se a falar de canibalismo. Stenia me perguntou: "O que você está fazendo?" Respondi: "Nada." Então ela fez me destacarem para a cozinha dos SSs. E salvou-me pela segunda vez.

Chegamos a Bobrek em 9 de julho de 1944, alguns dias antes de eu completar 17 anos. O trajeto em caminhão para sairmos de Auschwitz pareceu-me interminável, pois, para chegar à área industrial Siemens, apesar de vizinha, provavelmente demos uma volta completa no campo. Talvez eles estivessem tentando confundir nosso senso de direção. Quando voltei a Auschwitz, muito depois da guerra, tive a surpresa de ver que Bobrek, à margem do rio Vístula, ficava ao lado do campo de Birkenau.

Em 9 de julho de 1944, fomos seis mulheres a ingressar em Bobrek: mamãe, Milou e eu estávamos acompanhadas por uma dentista mais velha e por duas jovens de cerca de 25 anos, que saíam do bloco 10, aquele onde Mengele fazia suas experiências. Um médico lhes dera proteção e fizera que saíssem de lá a tempo. Até então haviam sofrido apenas coletas de amostras inócuas, mas corriam o risco de logo ser submetidas a experiências mortais. Eram comunistas e haviam contado com o apoio de certas redes do campo.

Ao chegarmos a Bobrek soubemos que naquele lugar estavam vivendo 220 homens e 35 mulheres, entre os quais muitos franceses. Os homens e as mulheres, bem como as diferentes categorias de trabalhadores, estavam separados muito menos estritamente que em Auschwitz-Birkenau. Era relativamente fácil circular. Frequentemente nos falávamos através de um gradeado, mas os trabalhos de aterro colocavam-nos lado a lado. A conversa vinha naturalmente. E, não sei como, alguém ficou sabendo que dia 13 de julho era meu aniversário de 17 anos. Então recebi um favor inacreditável. Os franceses ofereceram-me meio pão. E um dos SSs do campo concedeu-me o que chamavam de *eine Zulage*, um suplemento, ou seja, um pedaço de salsichão.

Nossa transferência para Bobrek permitiu que sobrevivêssemos. Fui designada para trabalhos de alvenaria cuja utilidade permaneceu misteriosa até o fim. Mamãe nunca parou de trabalhar, apesar de seu enfraquecimento constante. A alimentação não era muito mais abundante que em Auschwitz, mas de uma qualidade um pouco diferente, sem dúvida porque a Siemens procurava preservar algum rendimento. A sopa às vezes continha legumes secos ou batatas.

Laços de amizade estabeleceram-se ali, principalmente com as duas jovens que haviam escapado das experiências do bloco 10. Ambas sobreviveram à deportação. Uma morreu no final dos anos 1990. Era uma pessoa excepcional. Eu admirava sua coragem, seu dinamismo. Fora deportada sem os três filhos pequenos e sem o marido. Conseguiu reencontrá-los depois da guerra. No hospital onde a vi pela última vez ela me disse: "Veja, eles queriam que morrêssemos. Pois bem, nós ganhamos. Eu reencontrei meus filhos, você teve filhos. Temos netos, bisnetos." A seu ver, essa era nossa maior vitória sobre o sistema nazista.

Em janeiro de 1945, com o Exército Vermelho se aproximando, todos os campos de Auschwitz foram evacuados. Ao cabo de uma longa marcha na neve, fomos parar em Gleiwitz, a cerca de 70 quilômetros.

Alguns fugiram durante a marcha. Apostaram. Se eu estivesse sozinha, teria tentado. Vários colegas propuseram-me isso, mas estava fora de questão por causa de mamãe, que mal parava em pé. Muitos desses fugitivos conseguiram esconder-se à espera do Exército Vermelho. Em contrapartida, os retardatários, os que caíam de exaustão na neve, morreram imediatamente ou foram liquidados pelos soldados que escoltavam a marcha.

Lembro-me daqueles três dias de evacuação como o Inferno de Dante. Julgávamos que os russos estivessem muito perto, o céu estava vermelho. Essa longa marcha deixou muitos à beira da morte. Apesar disso, as raras mulheres sobreviventes eram assediadas por *kapos* que diziam que não viam mulheres há anos. Esse desejo de orgia aumentava a sordidez. Todo mundo tinha fome. Todo mundo tinha medo.

Os SSs temiam mais que nós o avanço dos russos. Ninguém achava que sairia vivo daquilo: nós, porque pensávamos que os SSs nos matariam; eles, porque pensavam que, por sua vez, os soviéticos os matariam.

Depois embarcamos em trens compostos de simples plataformas sem abrigo, destinadas ao transporte de madeira. Nevava, fazia frio, não havia nada para comer nem para beber. Muitos morreram. Então partimos novamente para um trajeto de oito dias, em condições de penúria absoluta. Oito dias praticamente sem comida, expostos ao frio. Chegamos aos subúrbios de Praga e, quando a ferrovia se aproximava das casas, as pessoas nos jogavam pão dos balcões... Esse pão quase sempre se perdia na beira da linha, mas às vezes o recebíamos.

Depois de cruzarmos a fronteira austríaca, ninguém mais nos jogou pão. Nas estações austríacas, os próprios SSs autorizavam a nos trazerem água, mas as pessoas tinham medo ou desconfiança e nada traziam. Para beber conseguíamos raspar a neve com velhas gamelas amarradas na ponta de um barbante.

Em 25 de janeiro de 1945 chegamos ao campo de Mauthausen, então superlotado. Nossas plataformas transportavam entre mil e quinhentas e 2 mil pessoas. As pessoas lutavam para agarrar-se a elas, tentando expulsar os outros. E depois chegamos a Dora.

Todos os homens do comboio ficaram lá. Metade dos passageiros morrera no caminho. Restava apenas um pequeno grupo de mulheres. Depois de um dia em Dora, aquele campo onde os deportados trabalhavam na fabricação das V2, partimos novamente, para Bergen-Belsen.

Quando digo "nós", era o grupo de Bobrek, cerca de 35 mulheres. Nossos números de matrícula eram próximos; de qualquer forma, mesmo que quiséssemos não poderíamos separar-nos.

Havia uma mulher, uma dentista de origem francesa. Havia outras companheiras às quais permaneci muito ligada. Havia também umas 50 ciganas. Uma delas deu à luz na plataforma, mas o bebê não tinha nenhuma chance de viver. A mãe sobreviveu.

Em Bergen-Belsen fui destacada para a cozinha dos SSs. Isso pode parecer insignificante, mas era uma sorte enorme. Como os próprios SSs não tinham mais farinha, devíamos raspar batatas para confeccionar uma espécie de fundo de sopa que enchia um tonel. Só os SSs tinham direito a essa sopa. Tínhamos de trabalhar muito depressa. Às vezes me parece que eu punha no tonel tanto de sangue e de pele esfolada de minhas próprias mãos quanto de fécula de batata. Era preciso encher um tonel por dia e isso era impossível.

Retrospectivamente, esse trabalho me parece mais terrível que o de Auschwitz, em que eu juntava pedras. Às vezes, sem nossos vigias saberem, acrescentávamos água no tonel para enchê-lo mais depressa. Pois aquilo nunca andava suficientemente rápido. Eu era "a francesa que não serve para nada, nem para raspar batatas".

Eu sentia medo. Chorava.

Toda hora me ameaçavam de ser despedida da cozinha. E a cozinha possibilitava a sobrevivência. Nessa época os deportados não comiam praticamente mais nada. Lá eu conseguia tirar um pouco de sopa. Um dia, tirei dois ou três copos de leite de um grande balde. Eu, que detestava leite e continuo a detestar, bebi o leite dos SSs. Roubei açúcar para mamãe e miraculosamente, depois de ser pega e moída de pancadas, pude conservar o açúcar.

Em Bergen-Belsen uma certeza crescia em nós: cedo ou tarde íamos morrer. Esse pensamento estava presente na mente de todos. Em certos momentos, cada qual podia dizer consigo que não dava mais para suportar. Entretanto, ainda que muitos tivessem vontade de acabar com tudo, pouquíssimos suicidaram-se.

Esse campo não estava planejado para ser tão duro como Birkenau e não estava organizado do mesmo modo. Não tinha câmaras de gás. Quando fiquei lá, trabalhávamos pouco. Não eram as tarefas que nos esgotavam. Simplesmente, não havia o que comer e principalmente não havia mais espaço. A existência perdia toda espécie de coerência.

O tifo e a disenteria grassavam.

Não havia mais como nos lavarmos. A morte era uma porta de saída que muitos esperavam. Senti isso em mamãe. Era por volta de março--abril de 1945 e o tifo aumentava a toda velocidade. A fome castigava atrozmente. Entretanto, o tempo atuava nos dois sentidos. Percebíamos que a liberação era iminente. Era uma questão de semanas.

Além disso, naquela fase derradeira, paramos de acreditar que os SSs iam nos matar. Sentíamos que eles não tinham mais tempo para isso, nem sequer vontade, e que principalmente estavam com muito medo.

Ao redor do campo, em abril de 1945 houve bombardeios toda noite. Por razões de segurança, às vezes ficávamos até 11 horas ou meia-noite trancadas na cozinha, no escuro. Quando voltávamos ao campo na escuridão total, tudo estava fechado, não encontrávamos sequer um lugar onde sentar.

Várias evacuações sucessivas haviam convergido para Bergen-Belsen. O campo estava extremamente superlotado. Uma noite, as duas amigas do comando de Bobrek, aquelas que haviam escapado das experimentações do bloco 10, encontraram-me vagando. Elas estavam transportando em plena noite uma carroça carregada de lixo. Abrigaram-me em seu próprio bloco. Esgueirei-me sob seu enxergão e ali passei algumas horas noturnas.

Trabalhei na cozinha dos SSs até o dia da chegada dos britânicos. Essa cozinha ficava na entrada do campo. Eu estava raspando as batatas quando vi chegarem os blindados. Primeiro pensei que se tratasse de americanos. Os últimos dias haviam sido terríveis. Não havia mais comida nem água potável. Os deportados afundavam suas gamelas em charcos infectos onde líquidos de toda espécie haviam sido despejados. Mas os SSs também tinham falta de tudo e reservavam para si a água estagnada dos charcos.

Naquele momento já havíamos perdido mamãe.

Milou estava sozinha e eu não queria abandoná-la. Os bombardeios acabavam de semear o caos. Curiosamente, o dia da liberação trouxe-nos uma tensão suplementar. Assim que chegaram, os britânicos dividiram o campo em duas partes para tentar deter a propagação do tifo.

É bem verdade que eles vinham libertar-nos e sua chegada punha fim a meu trabalho na cozinha dos SSs. Mas, quando quis voltar ao bloco para encontrar minha irmã, fui detida pelo cordão de arame farpado que eles haviam colocado imediatamente. Naquela noite, nem mesmo pudemos alegrar-nos juntas com nossa libertação. Logo no dia seguinte, com o pouco de inglês que eu sabia consegui explicar que fora separada de minha irmã. Passei, pude encontrar Milou.

Em Auschwitz, a sobrevivência de mamãe já havia sido um milagre. Ela estava muito enfraquecida, mas mostrava uma coragem extrema. Em Bobrek, conseguira impressionar até o chefe do campo, que dera um jeito de escondê-la, em razão de sua extrema magreza, durante a visita de um SS de alto escalão. Depois mamãe contraiu tifo. Morreu em Bergen--Belsen. Ao voltar de minha jornada de trabalho encontrei Milou, que me deu a notícia.

Creio que, dentro de mamãe, tudo estava exaurido. Ela ignorava o desespero, mas sofreu terrivelmente com nossa situação. Seu modo de ver a humanidade não era mais o mesmo. O que vira traumatizara-a. Se houvesse voltado conosco, sem dúvida não teria suportado a morte de Jean nem a de papai.

De certa maneira, nunca aceitei aquela morte.

Em cada dia de minha vida mamãe esteve presente. Há anos me perguntam o que me animou, o que me deu vontade de trabalhar, de realizar algumas coisas; creio profundamente que foi ela. Quando me perguntam se uma personalidade me marcou, se admirei uma mulher ou um homem, respondo: "Não, ninguém. A meu ver, a única pessoa admirável é mamãe."

Sem dúvida, se a encontrasse hoje, ela me julgaria severamente sobre certas coisas. Ela me acharia muito pouco conciliadora. Era capaz de mostrar convicções fortes e ao mesmo tempo dar prova de grande brandura. Já eu não sou capaz.

Ela nada tinha de uma santa etérea: estava muito envolvida na sociedade. Interessava-se por política mais do que demonstrava. Assumia sua parte das lutas e ao mesmo tempo se preocupava com a sorte de todos.

Não conheço com precisão a data de sua morte. Entretanto, eu estava a seu lado. Foi no finzinho de janeiro de 1945 ou no início de fevereiro. Não tínhamos mais consciência das datas e posso apenas tentar reconstituir. Mas consigo reviver aquele último mês. Ainda a vejo mais ou menos em condições de deslocar-se, antes que os sintomas do tifo se agravassem.

Essa doença atingiu nós três. Fui a menos afetada. Continuei a trabalhar durante março e abril, enquanto minha irmã mostrava sinais de grande fraqueza. Depois da morte de mamãe, uma grande tristeza devastou Milou. Nas últimas semanas, quando então sentíamos muito próxima a libertação, eu lhe dizia: "É preciso aguentar, é preciso tentar comer." Sua cabeça estava coberta de feridas Eu estava aterrorizada com a ideia de que também Milou não conseguisse voltar.

No retorno, depois da liberação, compreendi a que ponto minha irmã estava mal. Fomos para a casa de meu tio e minha tia. Meu tio era médico da Assistência Pública-Hospitais de Paris e chegou a pensar em hospitalizar Milou, mesmo sabendo a que ponto a separação seria terrível. Minha irmã sobreviveu ao tifo, mas morreu alguns anos depois.

Com seu bebê. Num acidente de carro.

Foi em 1952.

Acabávamos de passar as férias de verão juntas.

O filho de Milou deu seus primeiros e seus últimos passos em nosso jardim.

Em maio de 1945, Milou e eu fomos repatriadas em cinco dias de caminhão. Nada sabíamos do novo contexto francês. Quando saímos de Nice a informação era controlada pelas autoridades. Os jornais destilavam propaganda. Sabíamos muito pouco do que estava acontecendo no restante da França.

Um ano se passara. Tínhamos vivido em outro mundo. Nada sabíamos. No caminhão que estava nos repatriando, encontramos oficiais de ligação do exército francês. Alguns vinham da Resistência, outros simplesmente faziam seu trabalho. Um deles esboçou-nos um quadro apocalíptico da situação: "O que está acontecendo na França é horroroso", disse. Pelo que dizia, o país estava em fogo e sangue. Certamente era um partidário do regime de Vichy. Assim, durante algum tempo pensamos que íamos encontrar o caos. Mas, ao entrar em Paris, não tivemos essa impressão.

Descobrimos outra realidade, a da Resistência, dos *maquis*[9] dizimados, a realidade da Liberação e da depuração[10].

Os primeiros dias do retorno são difíceis de contar. Eu perdera o hábito de dormir numa cama, de fazer as refeições à mesa. Tinha dificuldade para reconstituir minhas lembranças, para expressar-me. Perguntei-me se ainda era capaz de ler, de me interessar por alguma coisa fora da vida mais imediata.

O que ia ser de nós, minha irmã e eu? Conseguiríamos viver normalmente de novo?

Uma fronteira separava os seres humanos: os que voltavam dos campos e os outros. Havíamos passado para o outro lado. Creio que nunca voltamos a ser normais. Aparentemente, vivíamos como os outros, mas nossas reações íntimas continuaram diferentes, pelo menos sobre certos assuntos.

Nossos tios Weismann estavam vivos, em Paris. Fomos para a casa deles. Já sabiam da morte de mamãe. Tivemos de dizer-lhes que nada sabíamos de papai e de Jean.

O filho deles, de 21 anos, acabara de ser morto em combate. Chamava-se André. Tinha o nome do irmão de seu pai, morto em combate em outubro de 1918, alguns dias antes do fim da Primeira Guerra Mundial. Mais uma vez a guerra ceifara uma geração.

Estávamos arrasados. Os Weismann, mesmo sendo médicos, não possuíam mais nada. Sua clientela desaparecera. A casa fora saqueada.

---

9 Grupos organizados de resistentes sediados em regiões de difícil acesso. Cf. nota p. 117.
10 Medidas tomadas na França, depois da Liberação, contra pessoas (funcionários públicos, escritores etc.) que haviam colaborado com as autoridades da Ocupação. (N. da T.)

Suas economias haviam se evaporado. No dia seguinte de minha chegada a Paris, como eles não tinham dinheiro nem roupas para me dar, foi uma vizinha que me socorreu com um vestido e roupa de baixo.

Um clima de desolação reinava naquela casa. Não havia mais nenhum móvel. Os espelhos haviam desaparecido, exceto os que estavam incrustados nas paredes e que os saqueadores não conseguiram levar. Eu me arrumava de manhã diante de um espelho quebrado por uma bala. Nele minha imagem aparecia trincada, fragmentada. Eu via nisso um símbolo.

Não tínhamos nada em que nos agarrarmos. Minha irmã Milou estava gravemente doente, meus tios haviam perdido o gosto de viver. Fingíamos que queríamos ir em frente. A única solução era nos ocuparmos. Minha tia havia retomado suas atividades de médica. Ela tentava recolocar a casa em ordem. Confeccionava cortinas, abajures.

Entretanto, não éramos as menos favorecidas.

De certo modo, havíamos voltado "para casa". Voltávamos para aquela França onde sempre tínhamos vivido. Os que não tinham mais família nenhuma, e eram numerosos, viveram uma situação muito mais dramática que a nossa. Muitos jovens de minha idade não encontraram mais ninguém. Penso em todos aqueles que saíram da Alemanha ou da Áustria pouco antes da guerra e cuja família, tendo permanecido, desaparecera inteiramente. Entretanto, muitos deram prova de uma força de vontade espantosa. Lutaram. Precisavam também superar moralmente o que tinham vivido. Reconstruíram tudo.

Assim, conheci em Bergen-Belsen um deportado muito jovem, tinha então 12 ou 13 anos. Tornara-se escravo sexual dos *kapos* e dos SSs. Reeencontrei-me com ele. Fez estudos brilhantes, realizou uma bela carreira. Conheci sua família, seus filhos. Sua mulher me disse um dia: "Ele nunca fala do campo."

No verão de 1945 os franceses tinham carência de tudo. Não se encontrava comida nem roupas. O pouco que havia era a preços exorbitantes. Nossa vida era precária. Tentavam ajudar-nos, o que às vezes dava resultados desconcertantes. Assim, Milou e eu fomos passar um mês na Suíça, a convite de Geneviève de Gaulle-Anthonioz, resistente e deportada, que ia dar conferências lá.

Chegamos a uma *vila* em Nyon, emprestada pelos proprietários. Imediatamente tivemos a impressão de ter entrado para o convento. Havia uma oração obrigatória de manhã e à noite, embora nossas origens fossem diversas: havia entre nós judias, agnósticas, católicas. Eu era a mais jovem. Haviam organizado para nós atividades que supostamente nos seriam úteis, como cursos de inglês ou de datilografia.

Uma noite, saímos, com o compromisso de voltarmos às 22 horas. Algumas foram dançar. Voltamos com 15 minutos de atraso. Ouvimos esta reflexão: "Depois de tudo o que vocês viveram, como podem pensar em divertir-se?"

Houve pior. Uma suíça que me guiava por Lausanne e que se fazia de bondosa na esperança de ouvir de minha boca coisas espetaculares, perguntou-me numa loja, diante do comerciante: "Não é verdade que os SSs fizeram mulheres ser engravidadas por cães...?" Estávamos em agosto de 1945.

Depois, ainda na Suíça, uns primos de minha tia convidaram-me. Levaram-me a Genebra, às lojas de departamentos. Ofereceram-me que escolhesse roupas. Peguei vários pares de sapatos, conjuntos de malha de tamanhos diferentes para minhas irmãs. Por fim, esses primos compraram para mim um reloginho Tissot de aço, de um modelo muito simples. Pois bem, na alfândega francesa a inspeção foi impiedosa. Os fiscais quase me despiram e quiseram que eu pagasse altas taxas pelo relógio e pelos sapatos que eu estava usando. Aquilo me pôs fora de mim. Mostrei minha carteira de deportada. De nada adiantou. Foi meu primeiro contato com a administração francesa.

Um sentimento de incompreensão, de mal-entendido, de absurdo me acompanhava por toda parte.

No verão de 1945 pensei comigo: "Vão nos fazer perguntas e ninguém acreditará em nós." Muitos deportados voltavam num estado físico pavoroso. Alguns foram hospitalizados imediatamente. Outros morreram quase em seguida. Tudo isso suscitava piedade, surpresa, às vezes incredulidade. Eu tinha a impressão de que os sobreviventes incomodavam. Parecíamos estranhos. Não sabiam como situar-nos. Perguntas surgiam, humilhantes, aberrantes, às vezes quase loucas. Não demoramos a compreender que precisávamos aceitar muitas coisas. Espantava-me ao ver que ex-resistentes, mais velhas que eu, aceitavam tudo aquilo impassíveis. Sem dúvida, no campo havíamos adquirido o hábito de ser maltratadas. De vez em quando, porém, a raiva explodia.

As relações entre ex-deportadas nem sempre foram fáceis. Em 1955, fui a um dispensário da FNDR, a Federação Nacional de Deportadas Resistentes, na rua de Boulainvilliers, em Paris. Precisava de um certificado médico para constituir um dossiê de pensão. Esbarrei numa recusa clara e categórica. Voltei-me para a FNDIRP, a Federação Nacional de Deportados e Internados, Resistentes e Patriotas, de obediência comunista. Como eu não estava inscrita, também lá não tive direito a meu certificado. Um médico acabou fazendo-o para mim.

Quanto aos deportados judeus, muito poucos haviam sobrevivido, além dos de Buchenwald. No imediato pós-guerra eles não estavam organizados. A única estrutura existente era a OSE, Obra de Socorro às Crianças[11], que conseguira recrutar médicos. Assim as crianças da OSE, cujos pais haviam sido deportados, receberam assistência. Afora isso, não creio que tenha havido algum tipo de iniciativa em prol dos deportados judeus.

No verão de 1945 foram abertos os grandes processos da Colaboração, inclusive o de Pétain. Eu lia os relatos nos jornais. Ficava chocada ao ver que a perseguição aos judeus, seu status e sua deportação, nunca tivessem sido mencionados. O grande enfoque do processo de Pétain eram os confrontos entre franceses. O que acontecera com os judeus não era mencionado. Evidentemente, sabia-se que os deportados esta-

---

11 Œuvre de Secours aux Enfants, em francês. (N. da T.)

vam voltando. Sabia-se que as famílias, ou o que delas restava, iam recebê-los no hotel Lutetia ou nas estações.

Mas os únicos de quem se falava eram os deportados resistentes. Muitos deles haviam se comportado de modo heroico, reencontravam suas redes e seus amigos. Dos judeus que voltavam quase não se falava. A maioria era jovem. Um grande número era de origem estrangeira. No lugar onde haviam passado a infância não havia mais nada. Sua família desaparecera. Seus pais, deportados com eles, não voltaram. Muitos não tinham domicílio nem os meios para voltarem a ter um apartamento ou um estabelecimento comercial. Levavam uma vida muito difícil e seu caso não interessava a ninguém.

Na França, acontecimentos essenciais haviam se sucedido. Nós não tínhamos conhecido a Liberação nem os dias logo depois da guerra. Cada pessoa que encontrávamos tinha uma visão diferente daquele período.

Havia uma espécie de buraco em nossa vida. Nunca o preenchi. Nunca viria a saber por mim mesma o que foi aquele período.

O mais difícil foi sem dúvida o olhar com que os outros nos viam. Alguns sentiam compaixão. Tinham vontade de falar conosco sem saberem o que dizer-nos. Ficavam desconfortáveis, com medo de falar demais ou não falar o suficiente.

Deparávamos também com a indiferença total. Ouvíamos comentários deslocados ou mesmo grosseiros. No final do verão, quando minha irmã e eu estávamos com os braços descobertos, com a tatuagem aparente, ouvimos: "Pensávamos que estavam todos mortos", ou "Infelizmente alguns sobreviveram". Sentíamos que alguns se perguntavam: "Mas por que eles estão aqui?" Na França, durante anos ouvi continuamente frases bizarras, principalmente sobre minha tatuagem. Na Alemanha, no início dos anos 1950, um cônsul da França me perguntou se era meu número de vestiário.

Em *É isto um homem?*, Primo Levi descreve esse terrível mal-entendido do retorno.

De volta a Paris, um amigo de quem eu gostava muito me disse, como se nada fosse: "Seguramente você foi violentada mais de uma vez..." Eu não deveria ter ficado afetada, arrasada com isso.

Certamente que nos campos houve violações de mulheres judias. De minha parte, isso não me aconteceu.

Aliás, estávamos protegidas pelo antissemitismo dos nazistas. Todo e qualquer contato com uma mulher judia lhes era proibido.

Mas depois da guerra fui profundamente humilhada pela curiosidade de que era objeto e por essa dúvida que lia nos olhares. Esses olhares envenenaram minha volta.

Vivenciei novamente essa suspeita bem mais tarde, ao participar de um debate com jovens judeus na Casa França-Israel. Um deles perguntou-me: "O que a senhora fez para voltar viva dos campos?" Como se me perguntassem quantas pessoas eu matara para proteger-me. Eu, que naquele dia não me sentia em forma, encontrei as palavras para dizer a eles o que pensava. Os que não tinham vontade de ouvir-me ouviram-me.

Entretanto, quando os deportados se encontravam, tinham uma intensa sensação de existirem. Haviam tentado matá-los e eles estavam ali. Seus adversários não haviam vencido. Ao longo dos anos nós nos vimos e nos revimos muito. Era essencial falar do que tínhamos vivido.

Os que não tinham passado pelas mesmas provações não podiam compreender. Sem dúvida teriam visto em nossos relatos uma certa forma de crueza, um certo cinismo. Para nós, era o único modo de falar daquilo.

Lembro-me de uma viagem a Lyon com alguns ex-companheiros de deportação. Íamos visitar um dos nossos. Éramos uns dez num trem sem cabines, falando entre nós, à vista dos outros passageiros. Eles devem ter ficado estupefactos com o tom que empregávamos, com o modo cru e aparentemente cínico com que falávamos.

No fim de maio de 1945 eu soube que havia sido criada uma associação de ex-deportadas de Auschwitz. Quis inscrever-me para reencontrar companheiras. A direção e a organização dessa associação estavam em mãos das comunistas, que, em minha opinião, não eram as mais representativas do campo de Auschwitz-Birkenau. Algumas, é claro, tinham ficado lá muito tempo, desde o primeiro ano. Muitas não voltaram. Entretanto, essa orientação ligada ao Partido Comunista Francês não correspondia à maioria dos ex-deportados. Não havia apenas os sobreviventes, havia também aqueles, centenas de milhares, que tinham morrido. Serge Klarsfeld, com sua associação voltada para os filhos e netos dos deportados judeus, deu um direcionamento muito diferente para esse trabalho de ajuda mútua e de memória.

O que me choca, mais de meio século depois, é que ninguém compreendeu a realidade das coisas. Ninguém capta realmente a angústia, o trauma que elas podem ter suscitado. Leio constantemente depoimentos e livros de história. Eles vão além de tudo o que se podia saber ou imaginar sobre aquela época. Escrevi ao autor de uma obra sobre a deportação que havia me marcado particularmente para perguntar-lhe se aquela história era ou não ficção. Ele me respondeu: "É a história de meus pais, não mudei nada."

As pessoas não se dão conta da quantidade de famílias numerosas das quais nos dias seguintes à guerra não restavam mais que uma ou duas pessoas. Eu tinha companheiras das quais uma grande parte da família ficara na Polônia. Quando voltaram não havia mais ninguém.

A experiência dos campos deixa uma pegada instintiva, algo sensorial, indelével, que é muito difícil contar. Durante muito tempo senti medo de entrar numa delegacia, senti medo de cruzar com alguém fardado, de passar uma fronteira. Como se eu fosse ser apanhada em falta. Ao mesmo tempo, sentia vontade de peitar a autoridade. Sem dúvida porque meu pai não teve medo suficiente. Ele não imaginava o que ia acontecer. Julgou-se a salvo e pagou com a vida. Por muito tempo esse medo continuou em mim, mesmo eu tendo um sentimento profundo de pertencimento a meu país.

Ainda hoje, um cheiro específico, uma certa sensação de frio, uma visão podem mandar o que eu chamaria de um flash, uma reminiscência brutal.

Essas manifestações são imprevisíveis. Às vezes uma percepção *a priori* positiva ou mesmo feliz fica carregada de angústia. Por exemplo, o simples fato de ver crianças pode levar-me de volta à época da Shoah.

Recentemente me vi numa cerimônia religiosa judia da qual participava meu neto. A seu lado estavam duas menininhas encantadoras. Uma delas lembrava para mim essas crianças que vemos nas fotografias dos museus-memoriais da Shoah, o de Paris ou o de Yad Vashem, em Jerusalém. Toda vez que penso nessas fotos, elas me partem o coração. Foram encontradas entre as coisas que as famílias deportadas abandonaram. As crianças frequentemente estão endomingadas, como na época era costume para ir ao fotógrafo. Faziam assim para os casamentos, para uma festa de família.

No memorial de Malines, na Bélgica, figuram muitos desses retratos de crianças vestidas e penteadas para a fotografia. Nas paredes do memorial veem-se fotos de uma mesma família ao longo dos anos de guerra: pouco a pouco os rostos vão desaparecendo, porque os membros da família foram deportados uns após os outros. No final, resta apenas um rosto, o de uma criança escondida ou de um adulto que foi deportado mas voltou. Essas crianças endomingadas, com seus penteados impecáveis, seu traje de marinheiro são para mim visões tão belas quanto insuportáveis.

Também foram sacrificados os filhos que foram escondidos. Uma prima minha, sobrinha de meu pai, foi escondida durante a guerra. Ela sente necessidade de falar comigo. Aquilo continua a ser algo muito doloroso, muito difícil. As condições do desaparecimento dos pais não são conhecidas, os filhos não conseguem imaginá-las, não podem assumi-las. É uma coisa terrível, diferente mas terrível. Quando chegamos a Birkenau, em poucos minutos os antigos do campo, muitas vezes com um realismo assustador – talvez não houvesse nenhum outro meio de dizê-lo –, puseram-nos a par: a fumaça que saía das chaminés era tudo o que restava de pessoas que conhecêramos. Tivemos os meses de deportação não para aceitar esses desaparecimentos, porque eram inaceitáveis, mas para assumi-los, para conviver com eles. Já os filhos dos desaparecidos não puderam fazer isso. Eles nada sabem e têm de viver com esse nada, esse vazio.

Hoje ouve-se crescer este refrão: "Parem de falar da Shoah. Outros horrores aconteceram desde então. Cada época traz seu lote de tragédias." As pessoas não têm consciência. Durante muito tempo não foi possível falar disso.

Nos Estados Unidos, até os anos 1970 os sobreviventes evitaram dar depoimento. Também em Israel a tomada da palavra foi muito tardia. Foi preciso esperar o processo de Eichmann.

Em Israel, chegou-se a expressar a ideia de que os judeus europeus cederam, que lhes teria sido fácil revoltar-se contra os nazistas. Tal ilusão alimentava um certo desprezo, em todo caso uma certa incompreensão. Ela explica em parte esse longo silêncio. Alguns companheiros meus que foram para Israel nunca disseram que haviam sido deportados.

Hoje acredito que o trauma vivido por essa geração não foi apreendido em sua medida exata. O tempo não apaga nada. Na França ainda se fala da noite de são Bartolomeu e das guerras religiosas... e ainda mais da Revolução Francesa!

Em breve a geração dos deportados vai extinguir-se, mas os acontecimentos ainda estão muito próximos. Ouve-se aqui e ali que é preciso esquecer e que também é preciso perdoar. Não é a mesma coisa. É indiscutível que é preciso a qualquer preço evitar o esquecimento.

Quanto ao perdão... Quem pode perdoar? Em seu livro *Les Fleurs du soleil*, Simon Wiesenthal conta esta história que lhe aconteceu no campo de Lemberg em 1942: um jovem SS que está morrendo confessa-lhe seus crimes para obter, diz ele, o perdão de um judeu. Simon Wiesenthal recusa-lhe esse perdão. Durante a narrativa ele continua se perguntando se teve razão. No final do livro, várias personalidades são convidadas a opinar: filósofos, um sacerdote católico, um rabino.

Participei desse debate. De minha parte, compreendo a posição de Wiesenthal: não é a nós, sobreviventes, que cabe perdoar.

Os que poderiam perdoar ou não perdoar estão mortos.

O problema doravante é saber como vivemos com o que aconteceu, como vivemos juntos.

Desejei a reconciliação com os alemães.

Desejei que a Europa se fizesse.

Mas com a condição de não esquecer.

Ao voltar do campo, senti-me profundamente diferente. Antes eu era alegre, vaidosa, frequentemente fútil. Estava sempre desejando coisas pequenas. Ao voltar, comecei a estabelecer uma distância entre o essencial e o que não o era. Dizia-me continuamente: "Qual é a importância?"

Tornei-me mais severa com relação aos outros, visto que os testava por esses novos critérios. Minha sensibilidade aguçou-se diante de situações que antes teriam me afetado menos.

Sem demora decidi trabalhar.

Minha mãe sofrera por ser dona de casa. Ela sempre me dizia: "É preciso poder ser independente. É preciso seguir estudos que deem uma profissão verdadeira." Os filhos eram a alegria de sua vida, mas ela sofria a tutela econômica do marido. As mulheres de sua geração não ousavam queixar-se disso. O status matrimonial era muito restritivo. Mesmo que as esposas possuíssem alguma coisa, cabia aos maridos administrar-lhes os bens.

Essa condição feminina minha geração não queria mais. Para mim os estudos eram um dever e uma necessidade. Entretanto, se eu tivesse precisado prestar novamente meu *baccalauréat*, não teria sentido ânimo para isso. Mas ao voltar do campo logo soube que fora aprovada nas provas que fizera na véspera de minha detenção.

A questão para Milou e para mim era: íamos procurar trabalho imediatamente ou iniciar estudos? Na época eu não podia imaginar o que seria minha carreira futura. Meus tios estavam retomando a vida profissional. Garantiam-nos casa e comida. Milou e eu podíamos dedicar-nos aos estudos. Nem todo mundo teve essa oportunidade.

Ingressei na Sciences Po[12] em setembro de 1945, para a primeira volta às aulas. Na época, a Sciences Po tinha um exame de ingresso, unicamente para as mulheres. Consegui dispensa do exame.

Muitos estavam em situações particulares. Integrei uma *"conférence"*, ou seja, um grupo de estudantes com composição heteróclita. Lá eu me senti forasteira, assim como na faculdade de Direito, mais tarde. Eu era uma provinciana vinda de um meio que não tinha particularmente uma rede, uma vida social.

Era a Paris do pós-guerra. A vida material era precária, mas isso não impedia os encontros, as festas. Eu não sabia vestir-me. Adolescente, tivera alguns flertes, mas não sabia o que significava sair. Na hora eu não tinha mais vontade de dançar nem de flertar. Aceitava o convite, mas dez minutos depois achava aquilo horrível.

Mesmo em meus primeiros anos de casamento recusei a vida social. Tinha a sensação de não ter nada a dizer para ninguém. Não queria aparecer em público. Lembro-me de uma festa chique e burguesa que passei atrás de uma cortina.

No início de 1946 meus amigos da Sciences Po convidaram-me para ir praticar esportes de inverno. Eram minhas primeiras férias desde a pré-guerra. Entre esses amigos estava Antoine Veil, um colega estudante. Fomos a Grenoble, onde viviam seus pais. Sob muitos aspectos, por sua cultura, sua história, eles se pareciam com os meus. Reencontrei uma família. Eu tinha 19 anos, Antoine tinha 20. Casamos no outono de 1946. Nosso primeiro filho nasceu no fim de 1947. Nicolas, o segundo, no ano seguinte.

Em 1947 Antoine obteve um cargo de adido palamentar, depois propuseram-lhe trabalhar na Alemanha – então ocupada pelos aliados – com o comissário-geral para assuntos austríacos e alemães. Aceitamos.

---
12 Como é conhecido o Institut d'Études Politiques de Paris, prestigiosa escola de ensino superior de ciências humanas e sociais. (N. da T.)

Algumas pessoas próximas acharam estranha aquela decisão, mas a assumimos. Assim, em janeiro de 1950 parti com meu marido para Wiesbaden, à margem do Reno.

Para mim, não era mais o mesmo país, nem o mesmo povo. Eu não conseguia colar novamente o presente com o passado e por isso não sentia nenhum ódio. O que eu vivera era absolutamente fora das normas. Não se relacionava com a vida diária, fosse na França ou na Alemanha.

Isso aconteceu cinco anos depois da guerra. Vivíamos na zona de ocupação americana e encontrávamos principalmente franceses e americanos. Quando muito, cruzávamos com alemães nas lojas. Meus dois filhos mais velhos, porém, foram para o *Kindergarten*, o jardim de infância alemão, onde começaram a aprender a língua. Quanto a mim, nunca aprendi alemão.

Naquela Alemanha do pós-guerra nada me lembrava o mundo dos campos. As pessoas viviam normalmente, falavam normalmente, não berravam mais. Tornara-se impossível pensar no que era a Alemanha cinco anos antes.

Mais tarde, ao ingressar no Parlamento Europeu, conheci alemães já adultos sob o Terceiro Reich e me fiz esta pergunta, lancinante na época: "O que faziam eles, onde estavam naqueles anos?"

Continuo me perguntando como tal monstruosidade pôde irromper, antes da guerra, de um país tão desenvolvido, tão culto como a Alemanha. Um dia fiz essa pergunta para Yehudi Menuhin, com quem me encontrei em Estrasburgo durante um concerto. Era não só um grande músico mas também um homem de uma cultura muito vasta. Segundo ele, nada permitia explicar o horror nazista. A cultura alemã, tão refinada, não pusera barreiras. A música, tão executada, tão amada naquele país, não servira para nada.

A história da Alemanha e dos judeus é realmente particular. Desafia toda compreensão. No início do século XIX as discriminações contra os judeus diminuíram um pouco em toda a Europa. Na França, os judeus tornaram-se cidadãos em 1805. Em outros lugares foi o fim dos guetos, ainda que os *pogroms* tenham persistido, principalmente no

Leste Europeu, e ainda que subsistissem discriminações profissionais. Essa foi a tendência geral até o início dos anos 1930.

A Alemanha, por sua vez, tinha uma cultura particular, antiga, mais favorável aos judeus do que muitos países da Europa. As grandes cidades da Renânia, especialmente, contavam desde sempre importantes comunidades judias, protegidas desde tempos remotos por um estatuto particular. As antigas cidades francas renanas ofereciam aos judeus uma condição privilegiada, quando comparada com o restante da cristandade. Mas foi lá, na Renânia, que ocorreram as primeiras grandes razias alemãs. Os judeus dessa região foram dos primeiros a fugir para a França. Aliás, alguns foram internados no campo de Gurs antes de partirem para a deportação.

O nazismo, portanto, varreu a tradição alemã e eliminou a corrente modernista, a tolerância originária do Iluminismo. Construiu uma ideologia de destruição racial totalmente alheia à tradição nacional. O antissemitismo de Hitler era mesmo de uma natureza particular. Seu ódio obsessivo acompanhou-se de um método de extermínio sistemático. A partir da conferência de Wannsee, em 1942, pode-se indagar se a vontade de exterminar todos os judeus europeus não foi mais forte que o desejo de vitória. Por seu caráter metódico e sistemático, o plano nazista de extermínio não tem equivalente na história. E entretanto, apesar disso, os judeus alemães não pararam de sentir-se alemães. Em Birkenau conheci uma deportada judia alemã que continuava a ter uma alta ideia de seu país. Ela ainda sentia orgulho de ser alemã.

Perguntaram-me às vezes como, depois dos campos, eu conseguira recuperar o desejo de viver. A meu ver, a única resposta válida é esta: não temos escolha. Isso me parece válido tanto para uma pessoa como para um país inteiro.

Depois do fim do regime franquista, fizeram aos espanhóis uma pergunta semelhante: como, depois da guerra civil, vocês conseguiram reconstituir uma nação com essa aparente facilidade? No Parlamento Europeu, eu via tratarem-se por "tu" deputados espanhóis cujos pais eu sabia que haviam se enfrentado violentamente. O filho de um fuzilado chegava a falar com aquele que mandara fuzilar seu pai.

Quando as coisas chegaram a esse grau de tragédia, só há duas possibilidades: nunca mais sair dela ou reatar com o desejo de viver. Depois da guerra, coloquei-me no lado desse desejo de viver. Meus sentimentos europeus, o esforço de reconciliação – pois se trata de um verdadeiro esforço – vieram desse desejo. Faço parte dos que dizem: "Se não o fizermos, nossos filhos vão reviver algo ainda pior."

Nas situações de genocídio ou de "purificação étnica", mesmo se tratando de um fenômeno ressurgente, apesar de tudo há momentos em que a maioria dos dois lados acaba querendo sair daquilo.

Ao mesmo tempo, o processo de reconciliação deve decorrer de acordo com um modo bem preciso. Julgar todo mundo e organizar processos espetaculares parece-me um beco sem saída. Não se pode fazer tábua rasa. Não se pode forçar as pessoas a viverem juntas já no dia seguinte de uma guerra civil ou de um genocídio. Em Kosovo – região da antiga Iugoslávia destroçada por um conflito entre os sérvios e os independentistas kosovares – isso não funcionou em 1999. Disseram a eles: "Isso é muito ruim, é preciso aceitar outras etnias e religiões diferentes das suas." Era trabalho perdido, pois eles tinham acabado de se matar uns aos outros. É preciso dar tempo. Essa concepção quase sempre está ausente. A lembrança de minha deportação teve um papel importante em minha postura com relação à Europa. Acreditei na reconciliação necessária dos povos europeus. Compreendi também que era preciso tempo.

Em minha infância, a lembrança da guerra de 1914-1918 era onipresente. Desde 1945 passou muito mais tempo do que entre as duas guerras. Para a totalidade das famílias francesas a Primeira Guerra Mundial teve consequências bem mais dramáticas do que a Segunda. Hoje, quando passamos diante dos monumentos aos mortos das aldeias bretãs, a lista de mortos é impressionante. Eram camponeses, todos da infantaria. Formaram os regimentos da linha de frente. Dizemos "dizimados", o que significa uma proporção de um para dez, mas se trata de uma proporção muito superior. Em 1916, em Verdun, quando um soldado da infantaria saía da trincheira para atacar, era quase certo que não voltaria do ataque. Entrando em Paris pela autoestrada do leste, pode-se ver até onde os alemães chegaram em 1914 e o preço que isso custou. As consequências foram trágicas: muitas viúvas, um enfraquecimento considerável do país.

Depois chegou o tempo da dissimulação. *Les Sentiers de la gloire*[13], aquele filme de Stanley Kubrick sobre os motins de 1917, durante muito tempo foi proibido na França. A respeito da Primeira Guerra Mundial, em minha juventude ninguém podia ser neutro. Meu pai fazia parte dos que, embora tendo assistido à vitória, ainda esperavam uma "revanche" suplementar e preconizavam matar todos os alemães, se fosse possível. Na imprensa patriota da época liam-se artigos que apresentavam a Alemanha como "o inimigo hereditário". Depois de 1945, François Mauriac disse: "Amo tanto a Alemanha que estou encantado por haver duas."

Entretanto, nesse contexto de fratura absoluta entre os dois povos, alguns compreenderam, logo após a Primeira Guerra Mundial, que, se não houvesse uma reconciliação, aquilo só podia recomeçar, muito depressa e do pior modo. Já nos anos 1950 vimos perfilar-se o espectro de uma Terceira Guerra Mundial. Temeu-se que os alemães recompusessem sua unidade à custa de uma amizade com a União Soviética.

Sobre todos esses assuntos, sempre refleti a partir da experiência da deportação. Há um modo racional de reconstruir uma vida em comum, com a condição de definir-lhe as modalidades. Uma dessas modalidades é a da memória. Sobre isso os alemães realmente seguiram as regras do jogo. Em matéria de ensino, eles fizeram melhor que os franceses. Organizaram exposições, memoriais mais numerosos. Quanto tempo isso vai durar? Não sabemos, mas esse esforço terá marcado as mentes. O extraordinário é que, achando que uma Alemanha sem judeus não era uma verdadeira Alemanha, tenham convidado judeus russos a instalarem-se nela.

---

[13] *Paths of Glory*, exibido no Brasil com o título *Glória feita de sangue*. (N. da T.)

Meu marido e eu voltamos da Alemanha em 1954. Ele foi aprovado na ENA[14] e depois fez um estágio no Marrocos, para onde o acompanhei. Em seguida, voltamos para Paris. Nosso terceiro filho nasceu pouco tempo depois. Na época em que meu marido estava terminando a ENA, eu lhe disse: "Logo você vai iniciar sua carreira e eu também gostaria de trabalhar. Vou fazer um estágio com um advogado para me preparar para a advocacia." Concluí meu Direito[15], grávida de meu terceiro filho, e depois comuniquei a meu marido minha intenção de inscrever-me na Ordem dos Advogados. Mas Antoine me disse: "Não é profissão para uma mulher, a pessoa se vê defendendo qualquer um..." A luta parecia perdida de antemão. Comecei a procurar outra coisa. Um pouco mais tarde, Antoine me deu este conselho: "Nos últimos anos há mulheres magistradas. Lá você estaria no lado certo..." Na época eu não via o magistrado como aquele que sanciona mas também como aquele que defende o direito e a justiça. Ainda não existia a Escola Nacional da Magistratura, e sim um concurso que preparei e prestei em Paris, depois de um estágio na procuradoria e na defensoria. As mulheres começavam a escolher essa profissão, que já não remunerava suficientemente bem para atrair os homens. Em 1955, a França estava em plena expansão e as carreiras no setor privado tornavam-se mais prestigiosas para juristas masculinos.

Fui parar na Administração Penitenciária. Eu mesma era uma ex--detenta, mas, ao contrário de Geneviève de Gaulle-Anthonioz, abstive-me de qualquer paralelo. Em nome da experiência da deportação, Geneviève de Gaulle-Anthonioz lutou pelos que se encontravam em situação de pobreza extrema. No contexto penitenciário, recusei-me a estabelecer uma ligação tão direta. Sempre vi na prisão uma sanção necessária: por um lado, para impedir os delinquentes ou criminosos

---
14 A ENA, École Nationale d'Administration, seleciona e prepara para o exercício das altas funções públicas do Estado. (N. da T.)
15 Em sua autobiografia (*Une Vie*, Paris, ed. Stock, 2007, cap. IV, "Revivre"), Simone Veil narra que ingressou na Faculdade de Direito pouco antes de ser aceita em SciencesPo, mas pouco frequentou as aulas de Direito: limitava-se a estudar e a ir prestando os exames, enquanto acompanhava o marido e cuidava dos dois filhos. (N. da T.)

de reincidirem; por outro lado, porque a sociedade precisa defender-se. Mas minha experiência pessoal mudava meu modo de ver o sentido da condenação e as condições da detenção. Nunca se deve fazer as pessoas perderem sua dignidade. Não se deve humilhá-las.

Em 1957, quando ingressei na Administração Penitenciária, um certo número de diretores de prisão tinha vivenciado a Resistência e a deportação. Alguns escolheram essa profissão devido à experiência que haviam sofrido pessoalmente. Eles procuravam reformar o sistema prisional. A maioria das prisões da época encontrava-se num estado deplorável. Não digo que as de hoje se tornaram palácios, mas nos anos 1950 havia prisões medievais. Eram extremamente superlotadas. Muitas foram destruídas.

Entretanto, naqueles anos sopravam ventos de reforma. Percebia-se o entusiasmo, as ideias novas. Criminologistas, juristas e médicos trabalhavam juntos. Alguns detentos eram associados a essa reflexão coletiva, principalmente sobre a questão da reinserção. Procurava-se aproximar o prisioneiro de seu local de vida anterior, para facilitar a visita dos parentes. Eram agrupados em função de suas possibilidades de reinserção. Foram inauguradas prisões-escola para os detentos de 20 a 25 anos. Infelizmente, nos anos 1960-1965 esse espírito se desvaneceu. Perdeu-se o empenho reformador.

Na Administração Penitenciária, inicialmente fui muito mal recebida. Minha missão era inspecionar os estabelecimentos e dar instruções aos diretores de prisões. Uma mulher nessa função não era algo evidente. Entretanto, depois de uma breve quarentena, tudo se inverteu. Aquele trabalho me apaixonou tanto que nas férias eu às vezes pedia a minha família para pararmos perto de um centro penitenciário. Nunca tínhamos créditos suficientes para cumprir devidamente nossas missões de inspeção; assim, eu era obrigada a valer-me de meu tempo livre. Quando, em pleno verão, eu me ausentava para visitar a prisão central de Nîmes, meu marido e meus filhos protestavam vigorosamente...

Eu era a única mulher a ter essa função. Na Administração Penitenciária, vi-me designada para o "escritório da detenção" e particularmente encarregada da liberação condicional, do auxílio à readaptação, da educação dos detentos mais jovens e da organização do atendimento médico. Quis ocupar-me também das mulheres, que então estavam quase esquecidas. Sua situação era muito difícil. Quando estavam detidas para penas longas, no caso de crimes graves, eram submetidas a uma disciplina muito estrita. Visitei principalmente a penitenciária central de Rennes. A subdiretora era uma mulher, o que era raro e correspondia ao posto mais alto não reservado aos homens. Essa subdiretora manifestava não compartilhar de nosso ideal de reforma. Impunha um regime muito rigoroso. As detentas viviam sob um manto de chumbo. Estavam quase absolutamente proibidas de falar. Uma detenta trocar um alimento com uma colega no refeitório já era considerado suspeito.

Quando ingressei, François Mitterrand era ministro da Justiça. Depois houve o retorno do general de Gaulle, em 1958. Ele nomeou para esse posto Edmond Michelet, ex-resistente e deportado. Michelet viu-se diante de uma afluência de detentos ligados à guerra da Argélia, militantes da FLN, a Frente de Libertação Nacional, ou do MNA, o Movimento Nacional Argelino. Todos eram partidários da independência da Argélia. Para eles, as condições de detenção eram más. Os altos chefes da FLN exigiam o status de prisioneiros políticos. Esse status lhes era recusado, pois não se considerava a guerra da Argélia como um verdadeiro conflito, nem mesmo como uma situação de enfrentamento político.

Edmond Michelet estava convencido de que a negociação com a FLN era inevitável. Seus sentimentos humanos corroboravam suas convicções políticas. Quanto a mim, parecia-me que as condições de detenção eram um elemento importante para a negociação com a FLN e para as futuras relações com um Estado argelino. O jornal *France Observateur* havia publicado reportagens desastrosas sobre o estado das prisões na Argélia francesa. Neles um jornalista, ex-deportado em Mauthausen, até comparara a prisão central de Berrouaghia com os campos nazistas. Edmond Michelet era muito ligado a Germaine Tillon, que eu também conhecia. Essa ex-resistente ocupava um posto importante junto ao governo da Argélia. Era encarregada da assistência social e da política educativa. O ministro lhe disse: "Na Administração Penitenciária há uma jovem magistrada, ex-deportada; por que a senhora não a envia para inspecionar as prisões da Argélia?"

Quando o general de Gaulle entrou, havia muitos condenados à morte em instância de execução. De Gaulle decidiu suspender todas as penas capitais. Na época, isso não era simples. A população de franceses da Argélia ameaçava fazer justiça por conta própria. Temia-se uma eventual intervenção direta nas prisões. Era preciso pôr a salvo os condenados.

Em maio de 1959, fui à Argélia para um giro de inspeção das prisões. Cheguei sem avisar. Dormia em hotéis miseráveis, sem telefone. A grande questão que agitava a administração argelina era saber se os condenados à morte deviam ou não ser repatriados para a metrópole. Então escrevi ao ministro da Justiça, indicando-lhe cada situação, muito diferente de um estabelecimento para outro. A prisão de Berrouaghia apresentava um problema de segurança do entorno, mas também de deterioração interior e de regime prisional. A disciplina era opressora. Os guardas faziam os detentos andarem numa roda-viva sem fim. As vexações choviam. Quando cheguei ao centro penitenciário de Constantine, o diretor fez-me este comentário: "Se for a guilhotina que a senhora quer inspecionar, garanto-lhe que ela se encontra em bom estado, funcionou com frequência…" Esse era o clima em que eu trabalhava.

Depois de meu relatório, todos os detentos em instância de execução foram transferidos para a França. As condições de detenção não eram necessariamente melhores, mas sua segurança estava garantida.

As mulheres detidas foram trazidas. Algumas haviam sido feridas, principalmente as que tinham colocado bombas. Outras haviam sido torturadas. Fiz de modo que fossem agrupadas numa pequena casa de detenção de Pau que nada tinha de confortável, mas era administrada por um agente penitenciário muito humano. Assim elas puderam ficar juntas, com condições de detenção mais brandas. Tolerava-se, por exemplo, o uso de baralhos, de livros. Parecia evidente que aquelas detentas argelinas não demorariam a sair da prisão e sem dúvida fariam parte das elites do futuro Estado. Na realidade, isso não aconteceu com a maioria delas, que foram mandadas de volta a seu lar.

Em 1962 veio a anistia. Enquanto isso, algumas detentas argelinas voltaram para Rennes, para o centro penitenciário feminimo. Levantamos a questão de sua segurança. Eram os anos da OAS[16]. Com Gisèle Halimi e outros advogados, organizamos a saída delas. Também eu é que fui a Fresnes comunicar a Yacef Saâdi, um dos principais combatentes da batalha de Argel, sua anistia. Ele me disse que desejava a anistia para todos os detentos da FLN, sem diferença entre os altos mandantes e os executantes. Naquele caso das detentas argelinas, às vezes me atribuíram um papel decisivo. Mas nada teria sido possível sem a concordância do ministro e principalmente sem o espírito coletivo que reinava no Ministério.

Nessa época, diante de questões tão dramáticas como a guerra da Indochina e a guerra da Argélia, os partidos estavam muito divididos. Os grupos de pressão atuavam de todo lado. Robert Lacoste, o último governador da Argélia, fora nomeado pelos socialistas. Pensava-se que ele caminharia para uma solução pacífica e negociada. Assim que chegou ao posto, cedeu às forças hostis. Somente o general de Gaulle tomou a iniciativa da negociação e da paz. Edmond Michelet, seu ministro da Justiça, era favorável às negociações. Seu gabinete também.

Eu vivia nesse clima.

As clivagens políticas eram violentas. Não se tratava do lugar do Estado na economia, questão sobre a qual gaullistas e socialistas tinham aproximadamente a mesma visão. As pessoas confrontavam-se sobre a descolonização e, alguns anos depois, confrontaram-se sobre a Europa.

Sobre esta última questão, no início dos anos 1960, eu me sentia próxima dos socialistas. Os gaullistas tinham uma visão muito mais "so-

---

16 A Organisation de l'Armée Secrète (OAS, Organização do Exército Secreto) era uma organização paramilitar clandestina francesa que se opunha à independência da Argélia. (N. da T.)

beranista", intransigente. Sua concepção rejeitava a integração europeia em proveito de um vínculo muito mais frouxo. Essas clivagens dificultavam muito a emergência do que então chamavam de "terceira força".

Nessas alianças e nesses conflitos dos anos 1960, havia para mim pontos fixos, não negociáveis. Eu nunca teria aceitado uma aliança com o Partido Comunista. Sobre esse ponto, nunca mudei. Em 1974, considerava fora de cogitação votar na esquerda, em razão do Programa Comum que juntava socialistas e comunistas. Eu tinha então uma imagem muito negativa dos regimes comunistas, tanto da URSS como das chamadas "repúblicas populares" do Leste Europeu. Isso não me impedia de manter ótimas relações individuais com muitos comunistas. Apreciava seu rigor e a firmeza de suas convicções. Mas os via como vítimas de um logro terrível. Para os comunistas franceses o Partido representava tudo: era sua família, seu ambiente, sua fé, no sentido quase religioso. Foi preciso o mundo tremer, em 1989, para eles aceitarem o que saltava aos olhos. Pagaram o preço. Um preço exorbitante.

Foi no campo que comecei a compreender isso, ainda que os comunistas fossem bem menos presentes em Auschwitz-Birkenau do que em Buchenwald, por exemplo. Percebi seu dogmatismo assustador. A evidência impunha-se. Os que aderiam a essa religião política tinham de dar tudo de si mesmos, sem retorno possível. Na Suíça, durante aquela estadia para ex-deportadas, conheci algumas jovens comunistas, que, aliás, me eram simpáticas. Uma vez, durante uma conversa, em agosto de 1945, tive a infelicidade de dizer que, quanto à cultura e ao modo de vida, éramos mais próximos dos alemães – com exceção do regime nazista – do que dos russos. Eu pronunciara as palavras que não deviam ser pronunciadas. Aos olhos delas, essa opinião era escandalosa. Valia exclusão do grupo. Deixei a residência suíça logo depois.

Em meados dos anos 1950 senti-me próxima de Mendès France. Ele abriu perspectivas que davam mais esperança, mas não tinha maioria parlamentar para governar. Na Assembleia Nacional, alianças fora das normas constituíram-se para impedi-lo de agir. Ninguém queria que fosse bem-sucedido. Ele mesmo não fazia concessões. A Quarta República estava paralisada. Muitos de seus oponentes tinham segundas intenções liquidadoras. Desejavam o fim do regime. De minha parte, em função dos candidatos nas eleições legislativas e das circunstâncias, acontecia-me votar à esquerda ou à direita. Não tinha nenhuma atividade militante. Além disso, como magistrada, tinha de abster-me de apoiar declaradamente um partido. Entretanto, fui membro do Sindicato da Magistratura depois de 1968. Seus primeiros associados consideravam que a magistratura necessitava de uma reforma profunda, tanto em termos de funcionamento como de recrutamento. Nisso eu os acompanhava.

O sistema judiciário estava então muito degradado. Michel Debré, ex-primeiro-ministro do general de Gaulle e jurista de formação, fez reformas em 1959. Mas em seguida esse horizonte se desvaneceu. No início dos anos 1960 a economia tornou-se o único foco de interesse. Esse monopólio prolongou-se depois de 1981 e muito além. No Parlamento, os enarcas[17] substituíram os juristas. As questões ligadas à magistratura e à justiça deixaram de ser prioritárias.

Nunca pensei em entrar na política até 1974. Valéry Giscard d'Estaing anunciara durante sua campanha que colocaria mulheres em seu governo. Na época eu trabalhava no Ministério da Justiça e ocupava um posto num departamento de legislação que me punha em contato frequente com o ministro da Justiça. Eu destrinçava para ele questões jurídicas, redigia notas para que o ministro preparasse suas intervenções no Parlamento. Tinha trabalhado principalmente sobre alguns textos de direito de família. Foi assim que entrei para o governo. Estava convencida de que não resistiria por muito tempo. Dizia comigo: "Vou cometer alguma grande asneira e sem demora vão me mandar de volta para a magistratura."

Em última análise, se entrei para a vida política foi por ser mulher. Ingressei num contexto em que se procurava atrair mulheres para a

---

17 Ex-alunos da ENA, a Escola Nacional de Administração citada anteriormente. (N. da T.)

política. Com Valéry Giscard d'Estaing isso ia além do cálculo eleitoral. Ele considerava que se tratava de uma evolução indispensável. Pelo menos nos primeiros anos de seu septenato, procurou modernizar a vida política e a sociedade francesas. Confiava realmente nas mulheres. Não era simples aparência.

Ao lembrar isso, não estou dizendo que as mulheres pararam de ser discriminadas. Sei a que ponto muitas sofrem discriminação, em todas as áreas, inclusive, evidentemente, na vida política. Mas a título pessoal, pelo menos em meu início, não posso absolutamente me queixar. Não estava inscrita em nenhum partido, não militava, não era uma representante eleita, menos ainda uma parlamentar. Tive a sorte de ser solicitada a entrar para o governo.

Em 1974, durante sua campanha para a eleição presidencial, Valéry Giscard d'Estaing assumira o compromisso de legalizar a interrupção voluntária da gravidez (IVG). Depois de eleito, fez questão de que um projeto fosse apresentado rapidamente. No governo Chirac, Jean Lecanuet foi nomeado ministro da Justiça e eu, ministra da Saúde. Para esse projeto de legalização da IVG, Giscard d'Estaing privilegiava a abordagem de saúde pública sobre a abordagem judiciária. Portanto, o cursor estava do meu lado. O presidente pensava também que o projeto seria mais facilmente defendido por uma mulher do que por um homem. Em seguida, ele não hesitou um segundo, quis que tudo andasse rápido. Como ministro do Interior, Michel Poniatowski alertara-o muito sobre a questão dos numerosíssimos abortos selvagens que constituíam uma violação diária da ordem pública.

Na maioria presidencial da época, que incluía centristas, gaullistas e democratas cristãos, não faltavam adversários políticos do projeto. Jacques Chirac, primeiro-ministro, *a priori* não era favorável ao projeto de lei. Pensava que era um capricho do presidente. Consciente da impopularidade do texto em sua base militante, ele não compreendia muito bem por que eu me empenhava tanto em colocá-lo em prática. Mas, a partir do momento em que o governo decidira, era preciso que a lei passasse.

Então Jacques Chirac me deu apoio total. Primeiro um apoio moral; ele me telefonava muito. Quando houve opções a decidir sobre certas emendas, e sobretudo aquela, tão importante, sobre o reembolso da IVG, ficou inteiramente do meu lado. Deu-me apoio político.

Depois da aprovação da lei, senti o clima mudar à minha volta, em meu entorno político imediato e mais além, entre os membros da maioria presidencial. Isso não aconteceu de imediato, porque as pessoas acreditaram num acontecimento efêmero. Muitos disseram consigo: "Estão descobrindo-a, mas ela ainda é novata, sua popularidade vai durar só alguns meses. Está encarregada de dossiês muito pesados e acabará fracassando." Na época, pouquíssimas mulheres se arriscavam na política.

Entretanto, longe de atenuar-se, o fenômeno de popularidade firmou-se com as sondagens e ampliou-se ao longo dos anos. Os especialistas espantavam-se: nunca haviam visto uma popularidade como aquela prolongar-se. Mesmo mais tarde, quando eu não atuava mais na vida política francesa, essa popularidade persistiu; suscitou em meu campo político uma certa irritação. Alguns se diziam: "De todo modo, Simone Veil é uma tonta que não sabe expressar-se, que não conclui suas frases, que não conhece nada de nada. Ela teve sorte, sabe comover, chorar em público, é a única coisa que sabe fazer..."

Desde os anos 1970, acostumei-me com isto: minha imagem frequentemente é melhor na esquerda do que numa certa direita conservadora. Nesses meios, às vezes os homens me dizem: "Minha mulher admira muito a senhora!" É realmente assim que falam. É como se apenas as mulheres possam admirar outras mulheres...

Nos anos 1977 e 1978, porém, algumas pessoas temeram que o sucesso me subisse à cabeça. Temiam que eu revelasse ambições que poderiam prejudicar os principais candidatos de meu campo. Em 1979, nas primeiras eleições europeias por sufrágio universal, Valéry Giscard d'Estaing pediu-me para comandar a lista UDF[18]. Para grande

---

18 Union pour la Démocratie Française, partido democrata-cristão, liberal e laico, composto de diversos partidos do centro e da direita não gaullista. (N. da T.)

alívio de alguns, deixei a cena política francesa para presidir o Parlamento Europeu.

Em seguida, alguns, ou principalmente algumas, tentaram persuadir-me a voltar para a cena política francesa e mesmo a candidatar-me à presidência da República. Esses incentivos frequentemente vinham de mulheres que me diziam que não podíamos deixar as coisas como estavam, que era preciso continuar a trabalhar pela causa feminina. Ainda hoje, sempre que há uma eleição, pessoas me escrevem: "A França precisa da senhora." É bem verdade que nas eleições europeias de 1984 nunca a direita reunida havia obtido um escore tão alto. A lista que eu dirigia obteve 43% e a maioria absoluta das cadeiras no Parlamento Europeu, o que afinal era uma bela vitória. Entretanto, a direita francesa procurou minimizá-la. Mais uma vez senti despontar em alguns de meus aliados naturais o temor de me verem voltar à cena política francesa, com a eleição presidencial na linha de mira. De fato, nas instituições francesas tudo está concentrado na ambição presidencial – como se não pudesse haver outra ambição política que não a da função suprema.

Na época, se eu realmente tivesse pertencido a um partido, se houvesse militado, se tivesse assumido responsabilidades partidárias importantes, talvez tivesse me lançado na batalha, mesmo que fosse apenas para uma mulher ser candidata na eleição presidencial. Mas eu não tinha vontade alguma de integrar-me numa formação política. Não está em meu temperamento. É preciso fazer sacrifícios demais.

Reconheço que minha vida política foi privilegiada, extraordinariamente privilegiada. Optei pela independência. Sempre me senti incapaz de sujeitar-me à disciplina de um partido, de comportar-me como boa militante. Sou excessivamente contestadora. Assim que me vejo num enquadramento bem organizado, preciso contestar um certo número de coisas... arriscando-me a suscitar espanto e mesmo mal-entendidos. Pertenci a grupos de direita e muitas pessoas de esquerda me propuseram que me juntasse a elas. Mas, se tivesse pertencido a um grupo de esquerda, sem dúvida as pessoas da direita teriam dito: "Por que ela não está conosco?" Aprendi a viver numa espécie de fronteira e nela permaneci. Isso corresponde a meu temperamento.

Frequentemente me aconteceu propor um projeto de texto imaginando-me na pele de um membro da oposição, demolindo meu próprio trabalho. De fato, eu sempre achava muito ruins as críticas que me eram dirigidas. Minhas próprias críticas a meu projeto me pareciam melhores. Logo em seguida tenho vontade de contestar o que proponho. De todo modo, o projeto nunca está exatamente como eu queria. Mas confesso que, quando me fazem críticas, mesmo se tratando de críticas construtivas ou de simples sugestões, meu primeiro reflexo muitas vezes é dizer não. O que costumo dizer é: "Não, mas vou ver." Esse "não" é um "não" de desconfiança. Tenho medo de deixar-me levar, de não dominar mais as coisas. Meu estado de espírito é difícil de explicar: duvido, é minha natureza, mas há questões sobre as quais posso me mostrar de uma rigidez extraordinária. Ouvi muitas vezes: "Com você não há como discutir!"

Algumas questões me interessam bastante; tenho a sensação de haver refletido tanto sobre elas durante 50 anos que sinto muita dificuldade em questioná-las.

Vivi períodos de conflito intenso, inclusive com meu próprio campo. Durante o debate sobre a IVG, vi pessoas de quem gostava muito, que estimava, de repente se deixarem invadir pela paixão. O que saía de sua boca ou de sua pena estava além de meu entendimento. Quando se tratava de uma pessoa pela qual eu não tinha nenhuma estima, nenhuma consideração, aquelas palavras deixavam-me indiferente. Mas, quando eram pessoas que eu estimava, deixavam-me magoada.

Michel Debré, por exemplo, mostrou-se muito hostil ao texto de lei sobre a IVG, por razões sobretudo demográficas. Ele pensava que seria um golpe terrível para a natalidade francesa. Foi, portanto, um adversário determinado, mas sempre o achei respeitoso ao extremo para com minha pessoa e minhas ideias. Seu tom e suas palavras foram sempre totalmente aceitáveis. Expressava-se como alguém que não compartilhava as mesmas opiniões. Em contrapartida, fui atacada por outros personagens públicos mais ou menos conhecidos. Não só aliados políticos, mas pessoas que eu estimava, com quem estabelecera relações. Dirigiram-me palavras muito violentas. E então refleti que o debate era mais duro do que se o instigador da lei fosse um homem. Mas talvez um homem não conseguisse fazer a lei ser aprovada.

Além disso houve o antissemitismo. Durante o debate sobre a legalização do aborto, quando a lei foi aprovada e nos anos seguintes, recebi um certo tipo de correspondência. Não se pode dizer que seja agradável abrir determinadas cartas, ser insultada ou deparar com desenhos abomináveis... Conservei a maioria dessas cartas. Não todas, infelizmente. Minhas secretárias acabaram confessando-me que algumas eram tão pavorosas que elas as rasgaram em vez de me mostrarem. Muitas chegaram quando eu não estava mais no governo. Eu deveria ter me mostrado mais vigilante e pedido ao Ministério que as guardassem e as selecionassem para mim. Muitas foram destruídas.

Conservei muitas cartas com conteúdo antissemita. Essas cartas traziam cruzes gamadas, insultos. Desde a lei sobre a IVG isso nunca parou. Mas faço questão de esclarecer que nem todos os adversários da lei em favor da IVG eram antissemitas, longe disso. Ao contrário, muitos antissemitas usaram a lei como pretexto para manifestarem seu antissemitismo de forma aberta.

Nos anos 1970, no momento da lei sobre a IVG, fui, é claro, atacada com violência pela Frente Nacional, então marginal e mais abertamente antissemita do que hoje. Esses ataques me deixaram indiferente. Eram previsíveis. Quando um adversário é absolutamente irrecuperável e asqueroso, já não nos atinge de forma pessoal. O que é inquietante é pensar que há tantas pessoas que se deixam levar por esse partido e votam a seu favor sem compreenderem o que ele representa.

Mais tarde, o vocabulário do antissemitismo introduziu-se em outros debates que me diziam respeito. Em 1993, no momento dos debates no Parlamento Europeu sobre a experimentação animal em cosmetologia, as campanhas de opinião pública tornaram-se muito inflamadas. Como deputada europeia e ex-presidente do Parlamento, recebi milhares de cartas para que se proibissem de vez todos os experimentos com animais. A principal associação que então foi criada sobre essa questão falava de genocídio dos animais, depois de holocausto dos animais, e então começou a tratar de nazistas certos deputados europeus. Visava a mim muito diretamente. Nesse contexto, eu estava lidando com uma determinada cor da ecologia, uma sensibilidade que não recuava diante do amálgama.

Assim, fui confrontada com ressurgimentos de antissemitismo em contextos bem particulares. Para mim é difícil falar disso de modo geral. Tenho total consciência de estar numa situação à parte. Hoje, muitos estimam que uma parcela do antissemitismo vem dos meios populares muçulmanos. Ora, meu escritório se localiza num bairro com forte presença muçulmana. Quando passeio por ele, tenho, ao contrário, a sensação de uma extraordinária gentileza para comigo. Pessoalmente não sinto a meu redor essa forma de antissemitismo, popular.

Quanto aos ataques pessoais com conotação antissemita, devo dizer que diminuíram nestes últimos anos. Talvez seja porque o antissemitismo se manifeste em outros lugares, sob outras formas. Sem dúvida meus inimigos não ousam mais atacar-me por esse ângulo.

Felizmente, há também a outra vertente das coisas. Hoje os manuais escolares falam dos debates em torno da lei sobre a IVG. Para muitas pessoas, tudo isso faz parte da história antiga. Às vezes, por ocasião de uma assinatura, sou abordada por famílias. As gerações jovens espantam-se ao me verem viva. Para elas sou uma figura histórica, uma figura do passado... Aliás, publicar suas memórias, responder entrevistas sobre sua própria vida já não será existir a título póstumo?

Em minha lista das eleições europeias de 1984 tive de aceitar a presença de Robert Hersant, então dono do *Figaro* e de outros títulos de imprensa próximos do governo. Seu alinhamento com Vichy, seus artigos antissemitas sob a Ocupação eram notórios. Aquela candidatura deixou-me muito incomodada. Era difícil, explicaram-me, recusar aquele lugar ao dono de um grupo de imprensa tão poderoso. A respeito dessa lista, eu disse comigo: "Ou a aceito tal como está ou não a encabeço." Mas, se a recusasse, estaria aceitando, como ex-deportada, ser excluída da luta, e isso me deixava furiosa. Em nome de meu próprio passado eu teria sido privada de uma responsabilidade política.

Na verdade, com relação à complacência ou à amnésia voluntária para com ex-colaboradores do regime de Vichy, o pós-guerra acabou com minhas ilusões. Aprendi a olhar com desconfiança a trajetória de alguns, mas sei a que ponto as generalidades são perigosas. No pós-guerra tentou-se criar categorias políticas, às vezes sociológicas. Foi dito que os ricos haviam feito uma determinada opção e os meios desfavorecidos, outra determinada opção. Mas todos os meios produziram colaboradores, passivistas e resistentes.

Desde 1945, tornei-me – e, de certo modo, permaneci – não diria cínica, mas absolutamente sem ilusões. Ainda hoje falam da Shoah com muitas frases, expressam grande tristeza. Sujeitam-se ao costume. Mas para muitas pessoas isso nada representa. Elas não imaginam. As comparações históricas que são feitas já bastariam para mostrar bem que as pessoas não compreenderam.

Em 1971 fui convidada para a projeção privada de um filme cujo assunto me interessava muito e sobre o qual minha opinião era, *a priori*, favorável. Era *Le Chagrin et la Pitié*, dirigido por Marcel Ophuls, roteiro de André Harris e Alain de Sédouy e tendo como subtítulo *Chronique d'une ville française sous l'Occupation*[19].

Esse filme é uma sucessão de entrevistas de testemunhas do período da Ocupação na cidade de Clermont-Ferrand e na região de Auvergne. É apresentado como um quadro da França e da atitude dos franceses entre 1940 e 1945. Uma parte particularmente interessante é dedicada ao depoimento de Pierre Mendès France sobre seu processo em 1941

---

19 *A Tristeza e a Piedade – Crônica de uma cidade francesa sob a Ocupação*. O documentário de quatro horas foi produzido em 1969 pelas TVs alemã e suíça e adaptado para o cinema dois anos depois. (N. da T.)

por um tribunal militar em Clermont-Ferrand. Esse processo *ad hominem*, extremamente duro, expressava a vontade do regime de Vichy de destruir toda e qualquer pretensão de resistência. Mendès France foi julgado por deserção, sendo que precisamente havia procurado continuar a luta!

Le Chagrin et la Pitié trata principalmente das atitudes dos franceses. Clermont-Ferrand é apresentada como uma cidade muito amplamente favorável à Colaboração, com resistentes quase inexistentes. Isso me espantou muito.

Em 1939, no início da guerra, a Universidade de Estrasburgo foi instalar-se em Clermont-Ferrand. A cidade assistiu a uma manifestação de estudantes em 11 de novembro de 1940.

Quando eu era parlamentar em Estrasburgo, tive oportuidade de ver, no saguão da universidade, um imenso painel mostrando quantas pessoas foram fuziladas, deportadas – não só judeus, mas também resistentes – e precisamente em Clermont-Ferrand. Assim, quase no mesmo instante achei o filme parcial, tendencioso. Quase todos os franceses são apresentados como canalhas e covardes. Os gestos de solidariedade para com os perseguidos são raros. Exceto por alguns socialistas e comunistas, não se vê indício de resistência. Mesmo sobre os comunistas, o modo como é apresentada sua resistência me chocou muito.

Em contrapartida, um ex-oficial Waffen-SS que assolava a região é mostrado sob um enfoque quase simpático. Ele alardeia suas convicções. Fala com a consciência tranquila. Vemos um homem que foi até o fim, que se engajou, que guerreou na União Soviética e que parece não lamentar coisa alguma. Aparece como um personagem sincero e coerente, longe da mediocridade francesa. Saí muito afetada da projeção. Como é frequente nos documentários construídos sobre uma massa de depoimentos, tudo é decidido no momento da montagem. Pega-se o que se deseja, mantém-se apenas o que se decide mostrar. Logo em seguida eu soube que amigos que foram da Resistência naquela região ficaram escandalizados com o filme. Haviam sido procurados e entrevistados, mas o depoimento deles não fora escolhido.

Um grande debate teve início então na França.

Eu fazia parte do conselho administrativo da ORTF[20].

Digo francamente: quando discutimos a conveniência de comprar aquele filme, que custava caro e para o qual não havia um compromisso *a priori*, fui firme em me opor, por causa da imagem que ele dava dos franceses.

Então se falou de censura. E depois o filme foi projetado em salas de cinema e teve o sucesso que se sabe. Com exceção de algumas reações indignadas, o que mais se ouviu foi um concerto de elogios. As pessoas pareciam absolutamente eufóricas com a ideia de que seus pais foram, todos, indivíduos ignóbeis.

Era indiscutível até aquele início dos anos 1970 o cinema havia exagerado a coragem dos franceses sob a Ocupação. Penso em filmes como *La Bataille du rail*[21]. Aliás, limitaram-se a magnificar o papel de alguns resistentes, sem falar daqueles, e numerosos, que salvaram judeus. Mas nos anos 1970 passou-se para o extremo oposto. Tornou-se até mesmo um dogma, uma verdade intocável: os franceses haviam sido piores que seus vizinhos, haviam chafurdado na colaboração, na covardia e na traição.

Mas, mesmo além de minha experiência pessoal, esse me parece um quadro incompleto, voluntariamente enviesado. Quaisquer que fossem o meio e a origem social, houve pessoas corajosas. Penso em especial nos Villeroy, aquela família de aristocratas um pouco excêntricos que me hospedou em Nice sem ter motivo algum para fazer isso e sem nunca aceitar nada de meus pais, que, aliás, não poderiam pagar-lhes. Eu não tinha carteira de identidade, não tinha caderneta de racionamento. Eles me receberam como se fosse sua filha. Eu sentiria vergonha por eles se *Le Chagrin et la pitié* fosse exibido na televisão. Na época, poucas pesso-

---

20 Office de Radiodiffusion-Télévision Française, organismo público de Estado que controlava os dois canais de TV, ambos estatais, existentes na época. (N. da T.)
21 Com roteiro e direção de René Clément, *La Bataille du rail* (*The Battle of the Rails*, A batalha dos trilhos), de 1946, venceu a primeira edição do Prêmio do Júri do Festival de Cannes de 1946. Os personagens principais do drama são ferroviários franceses que sabotam ações dos invasores alemães. (N. da T.)

as tiveram a coragem de dizer que aquele filme dava uma imagem tendenciosa e falsa do comportamento dos franceses.

Nos anos 1990 ocorreu uma viravolta da opinião pública. Se olharmos bem os números, percebemos que foi na França que a proporção de crianças salvas foi maior. E, se essas crianças foram salvas, foi porque houve famílias de todos os meios sociais, dos mais modestos aos mais abastados, que assumiram riscos.

Da totalidade de judeus vivendo na França antes da guerra, 25% a 30% foram deportados, ao passo que em vários países vizinhos chega-se às vezes a uma proporção de 75% a 80%. Dos judeus holandeses, mais de 80% foram eliminados. Na Grécia nada mais resta da comunidade judia de Salônica.

Hoje me alegra pensar que se presta homenagem aos Justos. Cerca de duas mil pessoas receberam a medalha dos Justos, outorgada por Israel após uma investigação muito longa. Mas houve milhares de crianças que foram salvas e, com muita frequência, aqueles que as protegeram nada pediram, não se manifestaram ou limitaram-se a dizer que o que fizeram era normal. Simplesmente se revoltaram contra uma injustiça intolerável.

Houve muitas redes de salvação de crianças: por exemplo, a OSE[22] e as redes de conventos que esconderam as crianças ou as enviaram para a Suíça. Mas pessoas muito simples, isoladas, frequentemente recolheram uma criança no momento em que a polícia francesa ou a Gestapo chegava a sua casa. Simplesmente disseram: "Ah, não, esse filho é meu!" E ficavam com a criança a seu encargo durante anos. Fala-se com frequência da razia do Velódromo de Inverno[23], de sua monstruosidade. Os alemães contavam prender 25 mil pessoas e só conseguiram prender 13 mil. Muitos haviam sido prevenidos, alertados e até, naquele mesmo momento, salvos por franceses.

---

22 Oeuvre de Secours aux Enfants (Obra de Socorro às Crianças).
23 Entre 16 e 17 de julho de 1942, mais de 13 mil judeus (um terço crianças) foram presos e levados para o Velódromo de Inverno, onde ficaram detidos durante cinco dias, antes de ser transportados para Auschwitz e outros campos. A operação, ordenada pelo Terceiro Reich e coordenada pelo governo de Vichy, contou com a colaboração da polícia francesa. (N. da T.)

Assim, não temos o direito de reescrever a História. É tão inexato dizer que todos os franceses foram formidáveis como pretender que não houve franceses corajosos. É difícil evocar em imagens o período da Ocupação, reconstituir todas suas dimensões, tentar reviver seu clima de modo imparcial. *Lacombe Lucien*, de Louis Malle, pareceu-me inexato, com imagens pouco verossímeis. Quanto à reconstituição cinematográfica da Shoah, o empreendimento me parece quase impossível.

Ao longo dos anos 1970, a memória foi voltando em fragmentos. Nem sempre era lisonjeira, longe disso. As pessoas começaram a fazer as perguntas certas, também a indagar-se sobre a amnésia do pós-guerra. Para isso o trabalho dos historiadores foi determinante.

Em 1976 assisti a um programa dos "Dossiers de l'écran" sobre Pétain, com Robert Paxton, autor de *La France de Vichy*, e outras testemunhas ou historiadores. Paxton espantava-se por, durante o processo de Pétain, não se ter falado dos judeus. Um jornalista francês que participava do programa justificou esse fato de um modo que achei muito curioso.

Na época eu fazia parte do governo. Escrevi uma longa carta àquele jornalista para explicar-lhe como eu mesma vivenciara a situação no pós-guerra imediato. Ele não me respondeu. O silêncio no processo de Pétain refletia o cotidiano que atravessávamos então.

O destino dos judeus foi mantido em silêncio.

No início de 1979 falou-se de uma série de TV que alcançara grande sucesso nos Estados Unidos e mais ainda na Alemanha, onde causara um verdadeiro choque. Essa série em quatro partes intitulava-se *Holocausto*. Trata-se da história de uma família alemã, burguesa e assimilada, que a partir de 1933 sofre perseguições, exclusão da vida profissional e discriminação. Essa família se divide sobre a questão de deixarem ou não a Alemanha. A maioria de seus membros sente-se alemã acima de tudo; não imagina que sua vida está em perigo. Tudo acaba mal. Alguns morrem na deportação.

Depois do sucesso desse filme nos Estados Unidos e na Alemanha, na França debateu-se sobre a conveniência de sua projeção no momento em que as eleições europeias se aproximavam.

Em 1979 o canal Antenne 2 perguntou-me primeiramente se eu desejava assistir à projeção e, caso a série fosse ao ar, se aceitaria participar de um debate. Fui à projeção e vi quatro episódios um pouco caricaturais, mas interessantes e ricos em ensinamentos, pelo menos para compreender o que acontecera na França. Os dois primeiros episódios pareceram-me claramente melhores que os dois últimos. A título pessoal, declarei-me favorável à difusão pela TV. Concordei em participar do debate.

A série foi programada como parte do programa "Les Dossiers de l'écran". Depois da transmissão estava previsto um debate. Havia uma representante dos Tziganes de France [Ciganos da França], bem como Marie-Claude Vaillant-Couturier, membro do Partido Comunista, figura heroica da Resistência e ex-deportada para Auschwitz. Por fim, havia um certo número de jovens com cerca de 15 ou 16 anos, que tinham acabado de visitar Auschwitz com um jovem jornalista.

Quase de imediato o clima degradou-se. Durante a projeção, os jovens não assistiam ao filme; ouvíamos eles rirem e cochicharem, às vezes atrapalhando os outros espectadores. Achei isso muito desagradável. E depois o debate começou.

Indagada sobre a necessidade daquela difusão, eu disse: "Nós pensávamos que não voltaríamos. Temos um dever de fidelidade. É preciso que as coisas não recomecem." Lamentei o excessivo otimismo do filme, que mostrava acima de tudo a solidariedade dos deportados. Mencionei a que ponto a fronteira que separava o humano do animal era tênue e fácil de ser cruzada.

Marie-Claude Vaillant-Couturier, por sua vez, endossava mais facilmente a visão de um campo unido e solidário. Em seu modo de ver, o espírito de auxílio mútuo que animava os deportados devia ser um exemplo para todos. Essas eram as nuances que nos separavam.

Mas achei muito decepcionante a reação dos jovens. Suas perguntas não vinham. Nenhuma curiosidade parecia movê-los.

Nos anos 1970, na Europa, na França, tivemos de lutar arduamente pelos direitos das mulheres.

Às vezes me pergunto se os jovens de hoje têm consciência dessas lutas. O perigo para as novas gerações é acreditarem que esse combate está definitivamente ganho.

Hoje, várias mulheres de 30 anos estão decepcionadas. Pensavam que tudo seria mais fácil. Mas ainda restam muitas discriminações no trabalho. Em algumas profissões consideradas tradicionalmente masculinas, as mulheres estão sempre em desvantagem. Tem-se a tentação de pagar-lhes menos. Quando há possibilidade de promoção para apenas uma pessoa, em geral é um homem que se favorece. Restam ainda muitas dificuldades. As jovens nascidas nos anos 1970 e 1980 pensavam que tudo estava ganho. De fato, leis contra a discriminação foram aprovadas. Teoricamente, a igualdade é total. Na prática, estamos muito longe disso.

Durante muito tempo as mulheres foram consideradas uma variável de ajuste.

Nos anos 1960, no meio dos Trinta Gloriosos[24], procurava-se que a população trabalhasse mais. Na época, a maioria das mulheres ficava em casa. A porcentagem de mulheres no trabalho só era grande nos meios mais desfavorecidos, porque elas ocupavam então os postos menos qualificados e seu aporte salarial não raro era vital. Entretanto, no início dos anos 1960, um grande número de mulheres não trabalhava. Era uma reserva de mão de obra que precisava ser utilizada. Nesse mesmo espírito, em função das mesmas necessidades, suscitou-se na época uma importante afluência de imigrantes. Atribuíam-lhes as tarefas mais pesadas e mais árduas. Era preciso alimentar a economia com braços e cérebros.

Assim, no final dos anos 1960 foi implementado um "comitê para o trabalho feminino", encarregado de incentivar para o trabalho as mulheres que tivessem uma formação. Nele se discutia muito para saber se era preciso favorecer ou não o tempo parcial. Na época, portanto, procurava-se aumentar a massa de mão de obra e adaptá-la às necessidades

---

24 Os anos 1945-1975, período que se caracterizou por intenso crescimento econômico na maioria dos países desenvolvidos. (N. da T.)

da economia. Raciocinava-se sobre as mulheres mais ou menos como sobre os imigrantes. Eram uma variável de ajuste, mais ou menos solicitada em função da demanda. Esse aporte massivo de mulheres ao mundo do trabalho teve um papel-chave no crescimento dos anos 1960 e no início dos anos 1970.

Em contrapartida, quando chegaram os primeiros anos de crise, a partir de 1973, as mulheres foram as primeiras a perder seu trabalho. Um bom número delas foi mandado de volta para o lar. A variável atuava, mas no outro sentido.

A única coisa que me interessa é a evolução a longo prazo. Parece-me que há várias gerações são as mães que vêm incentivando as filhas a lutarem por sua independência. Conheci muitas mulheres, em diversos países, que exerciam funções importantes, tanto na política como no mundo econômico. Quando eu lhes perguntava: "De onde vem sua vontade de lutar?", elas quase sempre me respondiam: "De minha mãe". A maioria vinha das classes médias, em que as mães não trabalhavam. Na geração de nossas mães, o discurso dirigido às filhas efetivamente mudou. Nossas mães nos incentivaram a estudar, nos disseram: "Não façam como nós."

Foi delas que recebemos essa coragem e esse senso de luta.

Simone e Denise

Graças a amigas escoteiras, Denise Jacob entrou para a Resistência na região de Lyon, com 19 anos. Detida numa barreira alemã quando transportava radiotransmissores para o *maquis*[1] do planalto de Glières, foi interrogada e torturada, mas não falou. Foi deportada para Ravensbrück com uma identidade falsa, no comboio conhecido como "dos 46 mil", e depois para o campo de Mauthausen, liberado em abril de 1945.

---

[1] Região isolada e de difícil acesso (geralmente de montanha ou mato) na qual resistentes se refugiavam para escapar do invasor e organizar a luta clandestina, durante a Segunda Guerra Mundial. O termo designa também o conjunto de combatentes, de organizações de resistência agrupados num *maquis*. (N. da T.)

Denise e Simone frequentemente se encontravam domingo de manhã para conversarem a sós, mas nunca falavam da deportação.

Quando propus a Simone gravar um diálogo com sua irmã, ela hesitou. Confidenciou-me quanto o diálogo sobre aquele período era difícil. Deportados judeus e deportados resistentes não tinham a mesma história. "Nós vivemos e sentimos as coisas de modos muito diferentes." Minha proposta não foi aceita facilmente; tive de convencê-la. Eu desejava registrar o relato das vidas interrompidas pela deportação. Prometi-lhe que não abordaria o retorno dos campos.

Encontro-me com Denise uma primeira vez, na casa dela, a dois passos do jardim de Luxemburgo. Acho-a bela e alta. Aceita com elegância minha proposta. Fico impressionado com seu comedimento e abalado com a beleza de seu apartamento. Entretanto, Simone descrevera-o para mim em algumas palavras que eu não levara a sério.

Pela primeira vez, percebia que Simone sentia ansiedade ante a ideia desse diálogo filmado.

Selecionei fotos que retratavam a infância de ambas em Nice, a vida de antes, a vida dos Jacob, uma família francesa judia assimilada. Simone foi seduzida pela ideia de falar com a irmã daquelas lembranças da juventude enquanto olhavam as fotos de família.

Para Simone, Denise continuava a ser sua irmã mais velha.

DAVID TEBOUL

Denise

É uma foto de meus pais recém-casados. Eu nunca a tinha visto em formato tão grande. Milou era parecida com papai. Agora Milou se foi, é uma pena. Quando me prenderam eu trazia comigo esta foto, em tamanho bem pequeno. Os alemães pensaram que fosse eu na foto. Eu tinha 20 anos. Eles não viram que papai tinha uma aparência fora de moda. Interrogaram-me sobre meu "amante", que era meu pai. Não insistiram. Pude ficar com a foto. Levei-a comigo na deportação.

Eu havia sido presa com um pacote lançado de paraquedas e que continha, entre outras coisas, um par de óculos com lentes neutras, vindo da Grã-Bretanha, para servir de disfarce para um dos paraquedistas. Os alemães pensaram que fossem meus óculos e os devolveram a mim em seu estojo. Então transportei e trouxe de volta no estojo a foto dobrada em dois.

Bem mais tarde, mandei reproduzi-la e ampliá-la, e a emoldurei.

Simone

É uma foto muito bonita de Milou. Mamãe está com um ar triste, aqui também.

Denise

Papai. Ele tem um belo porte.

Simone

O bigode dele é formidável.

Denise

Na sua caixa de prisioneiro encontrei o distintivo de seu regimento de aerostação.

Simone

Ele ficou prisioneiro quatro anos. Até a Segunda Guerra, manteve contato com seus companheiros de cativeiro.

Guardou da prisão um supremo desprezo pelos alemães.

Simone

Esta foto deve ser de 1914. Mal dá para reconhecê-lo. Tem um rosto bem redondo, que depois ele perdeu.

Parece que na época da Belas-Artes ele vivia num meio de artistas e que tinha muita imaginação.

Depois caiu prisioneiro, em 1914. Ficou quatro anos na prisão. Ela o tornou muito mais pessimista, mais austero.

Denise

Era antes de ser prisioneiro de guerra.
Depois, há muitas fotos da época da prisão.

Simone

Isso devia ser em Biot ou perto de lá.
Dá para ver flores, anêmonas.

Denise

Esta foto aqui é muito cinematográfica. Parece uma foto de Jacques-Henri Lartigue.

Simone

É também muito datada. É uma foto de época.

Denise

Papai muitas vezes usava gravata. Mas aqui ele não está com roupa de piquenique. Quem será que bateu a foto?

Simone

Os Lippmann, talvez.

Denise

Papai ia muitas vezes a Biot para trabalhar. Provavelmente nós fomos com ele.

Simone
Aqui é a época das tranças.

Denise
Naquela época nós três tínhamos deixado o cabelo crescer, não sei por quê. Era mamãe que fazia nossas tranças toda manhã.

Simone
Eu não gostava nem um pouco daquilo.
Não sei por que usávamos trança. Todos os amigos em Nice nos chamavam de "as meninas das tranças".

Denise
Milou. Seus belos canudos viraram tranças...
Esta foto é na Promenade des Anglais[2]. Creio que esta bela barricada não existe mais. Acho que mamãe está com um chapéu bonito.

Simone
Estou fantasiada de Josephine Baker.

Denise
Era um baile à fantasia. Você foi envenenada. Para fantasiar você de Josephine Baker passaram um produto na sua pele.
Sua pele não respirava mais. Seus poros ficaram tampados, sua pele se asfixiou.

Simone
Não me lembro de ter ficado doente.

Denise
Nós tivemos escarlatina e coqueluche.

---

[2] A Promenade des Anglais (Passeio dos Ingleses), em Nice, é uma avenida de 7 km ladeada por um largo passeio ao longo da costa da Baía dos Anjos. (N. da T.)

Milou teve uma nefrite. Mas, fora as doenças da infância, não tivemos nada.

Nós tínhamos vontade de ficar doentes.

Simone
Achávamos que na nossa casa não ficávamos tão doentes quanto devíamos.

Todas nossas colegas tinham pelo menos alguma coisa uma vez por ano, e nós, nada!

Denise
Nosso irmão Jean fotografou a si mesmo num espelho, com sua Rolleiflex. Às vezes ele preparava o aparelho e corria se posicionar diante dele. Todas estas fotos voltaram graças a minha tia Weismann. Nós temos os negativos.

David
Jean queria ser fotógrafo?

Simone
Fotógrafo de cinema.

Ele trabalhou durante a guerra para o La Victorine e outros estúdios de Nice. Em 1943 era para Natkin, o fotógrafo de cinema.

Ele adorava fotografar paisagens. Um galho de árvore coberto de neve, o fogo. Era escoteiro, acampava, tirava muitas fotos da natureza.

Jean está com um ar triste.

Denise
A praia de seixos, em Nice.

Simone
Milou está à esquerda, com cabelo comprido e cachos naturais magníficos. E essa coisa com ar amuado sou eu. Na maioria das fotos dessa

época estou assim. Tem também Jean, muito louro naquela época. E você também.

Denise
Muitas vezes usávamos vestidos iguais.

Simone
Para mim isso era um pesadelo.
Um ano os Lippmann, amigos do papai e da mamãe, querendo nos agradar, deram para cada uma de nós vestidos e um casaco. Conforme você e Milou cresciam, eu ia herdando suas roupas. Usei vários casacos vermelhos idênticos durante anos.

Simone
O jardim Alsace-Lorraine era o jardim público mais próximo da casa. Íamos lá muitas vezes com mamãe, que está de chapéu, o que não era frequente nela.

Denise
Olhe, é você, Simone, de cara amarrada.

Simone
Ainda amarro a cara.
Provavelmente porque Jean estava no colo da mamãe e não eu.

Simone
Eu, no colo da mamãe.
Era meu lugar predileto.
Dá para ver bem a Promenade des Anglais. Na época essas praias não tinham infraestrutura.
Devia haver algumas cadeiras. Pelo menos havia algumas cabines. É na parte central da Promenade, não muito longe do jardim Albert I.
Agora está tudo muito bem equipado.
Hoje certamente são praias privadas.

Denise

Eu me lembro tão bem do suéter da mamãe!

Simone

É muito bonita esta foto. Estou até vendo onde é, aliás... É no jardim Alsace-Lorraine.

Tinha lá a fonte Wallace, onde mamãe não nos deixava beber no copo de metal porque todo mundo bebia nele.

Lembro muito bem desse suéter. Mamãe gostava muito dele. Ela aparece muitas vezes com esse suéter em outras fotos, no esqui. Ela o usava muito.

Em minha lembrança, era um grande jardim, com uma magnólia imensa, sempre muito florida. Quando voltei lá, tudo me pareceu menor.

Denise

Somos nós, todos os quatro.

Simone

Milou é bela.

É em La Ciotat. Estávamos com uns maiôs engraçados.

Denise

Mamãe tricotava maiôs para nós...

Não ficava uma maravilha, eles pendiam.

Simone

Bom, me lembro de um maiô com suspensórios de que eu gostava muito. Mas nesta foto são maiôs de tecido, não maiôs tricotados.

Mesmo quanto às crianças, as pessoas eram muito pudicas.

Simone

Aqui nós estamos com nossa prima e nosso primo, passávamos com eles muitas férias em La Ciotat. Os filhos da irmã da mamãe. Nosso primo Poucet, morto em Karlsruhe, pouco antes do fim da guerra. Nossa prima ficava muito em nossa casa em Nice.

Nos encontramos com ela quando voltamos dos campos, estava casada com um amigo do pai. Estava esperando bebê. Morava na mesma casa que nós. Eles eram recém-casados.

Denise

É o papai.

Simone

Pouco antes da guerra. Será que ele sempre usava gravata-borboleta? Como esses óculos sem armação...

Hoje voltou à moda. Acho que papai tem um físico muito moderno para a época.

Denise

Papai era míope?

Nunca fizemos essa pergunta.

Simone

Eu me pergunto se não é simplesmente uma foto de identidade, tirada por um fotógrafo.

Simone

Uma casa que papai construiu em La Ciotat.

O grupo imobiliário para o qual ele trabalhava como arquiteto tinha comprado terrenos pensando que La Ciotat, próxima de Marselha, se desenvolveria rapidamente. Mas, por causa da crise de 1929, aquilo não se desenvolveu como previsto. O ramo da construção na Côte d'Azur sofreu muito com ela.

O engraçado é que na época aqueles promotores imobiliários haviam comprado terrenos em Saint-Tropez, mas pensavam que Saint-Tropez não pegaria. Achavam que o lugar era mal servido de transportes e longe de tudo.

Simone

É a mamãe.

Muitas vezes ela está triste nas fotos. Esta foto dá a impressão de ser posada. Mamãe parece muito maquilada, mas ela nunca se maquilava.

Eu me pareço com ela na infância, depois nem um pouco.

Você, Denise, você se parece com ela quando moça e mesmo depois.

Quanto a Milou, depende da foto.

Simone

É uma foto de identidade, durante a guerra.

Não sei, em 41, 42. Porque em 43 eu não usava mais tranças, então deve ser em 42, 41.

Denise

Você não usava mais tranças?

Simone

Não, nas minhas fotos de 43 meu cabelo está cortado.

Denise

Eu voltei de cabelo comprido.

Denise

É uma foto de fotógrafo. A fotógrafa veio e pegou Simone como modelo para nosso jornal das escoteiras.

Simone

Em nosso grupo de escoteiras as meninas vinham de todos os meios.

Havia uma protestante, uma israelita, "neutras". Nós, as meninas Jacob, éramos "neutras".

Isso não nos impedia de darmos exemplo de moral. Fizemos nossa "promessa" de escoteiras com a maior seriedade.

Denise
Aquele mundinho foi completamente desmontado pela guerra. Mas desempenhou um papel. Veja os escoteiros israelitas, o papel que tiveram na Resistência. Assim como os escoteiros católicos.

Sem dúvida, nós estávamos mais preparados para a vida clandestina. Estávamos mais adaptados à vida marginal.

Reencontrei uma amiga na Resistência em Lyon. Como guia de "pioneiros"[3], ela era adepta do que chamavam de "jogos noturnos". Era a guia do grupo de lobinhos de meu irmãozinho Jean. Ela sempre me disse que aquilo a ajudara para a vida clandestina e a luta.

Denise
É Figuerolles.
O último ano em que fomos a La Ciotat, em 1942.

Simone
Sou eu, com minhas tranças, pouco tempo antes da deportação.

Simone
Mamãe. No hospital, pouco antes da deportação.

Denise
Munique foi o primeiro choque, seguido da declaração de guerra e da derrocada de 1940. Mas, com relação às ameaças que pesavam sobre os judeus, nós não imaginávamos o que ia acontecer. Tínhamos visto chegar refugiados judeus alemães e principalmente austríacos. A casa estava aberta para eles, sendo que não dispúnhamos de muitos meios. Sabíamos o que estava acontecendo na Alemanha, mas sem realmente formarmos uma imagem daquela nova realidade, nem compreendê-la. Penso que Simone tinha mais pressentimentos do que o restante da família. Quando tivemos de mandar carimbar a palavra *judeu* em nos-

---

[3] Denise usa o termo francês *routiers*, o último ramo etário do escotismo, abrangendo jovens de 17 a 25 anos; corresponde a "pioneiros" e a *rover scouts*, em inglês. (N. da T.)

sa carteira de identidade, Simone se opôs no começo. Por fim, fomos todos à delegacia. Nosso cartão de racionamento também tinha a palavra *judeu* carimbada.

Sentíamos o perigo, mas aqueles gestos se inseriam em nossa história. Queríamos afirmar o que éramos, sem nos envergonharmos. Talvez acreditássemos também nas leis da República. Sabíamos que os judeus estrangeiros que se refugiavam em nossa casa eram perseguidos, presos, mas não imaginávamos o que acontecia nos campos. Não imaginávamos Auschwitz. Dizíamos entre nós: "Contanto que fiquemos juntos, o resto não tem importância", o que era particularmente tolo e inocente. Éramos acima de tudo solidários com judeus estrangeiros, que acabavam presos. No momento a gente nem sempre é consciente. Quanto a mim, saí de Nice antes das grandes razias. Não fui obrigada a me esconder. Não tive a mesma história que os outros membros de minha família.

Denise

Eu me juntei à Resistência depois de um acampamento de escoteiras, em julho de 1943. As razias começaram quando minha irmã mais velha, Milou, e eu éramos guias num acampamento dos Alpes-de-Haute-Provence. Papai nos avisou. Pediu-nos que não voltássemos para casa e nos escondêssemos. Minha irmã Milou decidiu voltar. Ela tinha um trabalho que ajudava a família a viver. Já eu decidi não voltar. Entrei para a Resistência, meus pais souberam e aprovaram minha decisão. Depois, levei uma vida clandestina.

Eu tinha medo que me dissessem: você entrou porque é judia. Pouco antes de minha prisão, um colega da Resistência soltou: "Esses judeus estão em toda parte, tanto aqui como em Londres", e depois acrescentou: "E eles só pensam em se esconder." Então eu repliquei: "Falta saber de que os acusam, de se colocarem em evidência ou de se esconderem?" Ainda hoje me encontro com esse colega. Nunca quis lembrá-lo daquele diálogo.

Denise

Fui presa em 18 de junho de 1944. Fui detida numa barreira da *Feldgendarmerie** na estrada entre Bourgoin e La-Tour-du-Pin. Estava num táxi. Estava indo para o *maquis* de Glières com material lançado de paraquedas pelos britânicos. O motorista não sabia o que eu estava transportando.

Quando abriram minha bagagem, os alemães viram radiotransmissores, oito baterias para fazê-los funcionar e uma cápsula de cianureto. Levaram-me para a Gestapo* de Lyon, em Montluc.

Passei o aniversário de meus 20 anos na prisão. Saí da França para a deportação em 14 de julho de 1944. Então eu soube que o desembarque da Normandia acontecera.

Denise

Lembro-me muito bem desta foto tirada em Nice, com o vestido que eu tinha em minha bagagem quando fui presa. Ele vinha de minha prima Claude.

Era bordado com pequenos castelos. Nós divagávamos sobre aqueles castelinhos em minha cela.

Simone

Não sei se esta não é uma foto de identidade feita pelo pai de Eva Freud, que era neta de Sigmund Freud. Eles eram exilados. Nós precisávamos de fotos, ele precisava trabalhar. Moravam atrás da estação. Minhas últimas fotos de identidade foi Oliver Freud que fez.

Denise

É uma foto horrorosa.

Simone

Em minha opinião, ela foi tirada durante a guerra. Mas naquele momento eu não usava brincos. Então não sei.

Antes de minha deportação, mamãe lavava nossos cabelos em casa. Não fazíamos ondulação permanente, nada.

A primeira vez que fui ao cabeleireiro foi pouco depois de voltar da deportação. Era um salão na esquina da rua Récamier. Puseram-me num secador mal regulado que queimou minhas orelhas. Como eu nunca havia ido ao cabeleireiro, pensei que fosse normal a temperatura do secador ser exageradamente quente. Não tive coragem de dizer nada. Quando a cabeleireira tirou o secador, ela me disse: "Por que você não reclamou?" Eu não quis contar a ela minha história.

Simone

Milou e eu chegamos a Paris em 23 de maio de 1945. Em Auschwitz soubéramos do desembarque na Normandia. Sabíamos que Denise estava em Lyon. Então tivemos esperança de que pelo menos ela sobreviveria. Não queríamos imaginar outra coisa. Esperávamos revê-la.

Havíamos saído de Bergen-Belsen em 19 de maio. Mamãe morrera várias semanas antes. Milou estava muito doente. Fizemos a viagem para a França amontoadas em caminhões, muitas vezes de pé. Milou, devido a seu estado de saúde, geralmente ia sentada ao lado do motorista. As estradas encontravam-se em péssimo estado. Dormimos num "centro de triagem" de deportados e refugiados na fronteira da Holanda. Milou estava tão mal que foi transportada até a estação ferroviária em ambulância.

Eu me revejo caminhando para a estação por uma rua para pedestres bem larga, para pegar aquele trem. Estava muito inquieta. Corriam rumores sobre os extermínios gerais neste ou naquele campo. Perto da estação encontramos colegas. Conversamos com elas, trocamos informações. Uma ex-deportada de Auschwitz me disse: "Vi sua irmã Denise em Ravensbrück." Olhei-a, abismada. Ela balbuciou que havia se enganado. Eu não sabia de nada. Ela não acrescentou nem mais uma palavra. Tudo desmoronava. Imediatamente imaginei o pior.

Milou não compreendia minha angústia. Vinte e quatro horas depois, estávamos no hotel Lutetia, onde os registros dos recém-chegados estavam atualizados. O nome de Denise estava lá. Ficamos sabendo que ela voltara.

Alguns dias depois, nos encontramos com ela.

Denise

Eu fui a primeira a voltar.

Sabia que Milou, mamãe e Simone haviam sido deportadas para Auschwitz. Na primavera de 1945 eu estava em Ravensbrück, deportada com um nome falso. Os comboios de evacuação chegaram de Auschwitz para Ravensbrück. Os evacuados se encontravam num estado pavoroso. Fiz algumas perguntas para uma mulher que falava francês. Disse a ela: "Tenho amigos de Nice que foram deportados para Auschwitz, isso lhe diz alguma coisa?" Era uma garrafa jogada no mar. Havia dezenas de milhares de deportados e minha pergunta não tinha chance de dar resultado. E no entanto a mulher me respondeu: "Conheci as irmãs Jacob e a mãe, elas foram para um comando* onde a vida era menos dura; tiveram essa sorte graças a Simone Jacob, que é tão bonita." Passei a noite me perguntando: devia pedir a ela mais detalhes?

No dia seguinte via-a de novo e confessei: "Sou irmã delas." Eu corria um risco ao dizer isso. Ela me disse: " Vocês tem o mesmo ar de família!" Esse encontro foi um acaso extraordinário. Revejo-me nos caminhos de Ravensbrück. Era a única pessoa a quem eu fizera perguntas. E não me conheciam com meu nome verdadeiro, mas eu o dissera para algumas pessoas, para que se soubesse onde eu estava, caso eu não voltasse.

Simone

Milou e eu nos encontramos com Denise quatro ou cinco dias depois de nosso retorno a Paris.

Não permanecemos no Lutetia.

Minha tia chegou e imediatamente nos levou com ela. Meu tio era médico. Milou estava muito doente. Mais tarde, minha tia me contou que eles haviam hesitado em hospitalizá-la, mas não quiseram separar nós duas.

Simone e Marceline

Marceline Loridan-Ivens nasceu em Épinal, nos Vosges, em 19 de março de 1928.

Foi detida com 16 anos de idade, numa razia em Bollène, Vaucluse[1], no pequeno castelo que seu pai adquirira antes da guerra. Em 29 de fevereiro de 1944 é encarcerada em Avignon e em Marselha; é enviada por trem para o campo de Drancy, em 1º de abril de 1944.

Em 13 de abril de 1944 é deportada para Auschwitz-Birkenau pelo comboio nº 71, o mesmo que Simone Veil. Passará sete meses lá.

Em novembro de 1944 é transferida para o campo de Bergen-Belsen, onde reencontra Simone, e depois, em fevereiro de 1945, para o comando* de Raguhn. Em abril de 1945 é levada para o campo-gueto de Terezin, onde é libertada.

Chega à estação Leste, em Paris, e é conduzida para o hotel Lutetia.

Não sabendo onde alojar-se em Paris, volta para a cidadezinha de Bollène a fim de reencontrar a família.

---

1 Departamento da região Provence-Alpes-Côte d'Azur, sudeste da França. (N. da T.)

– Alô?

– Sou cineasta, estou dirigindo um filme com Simone Veil, sobre sua deportação e sua vida.

– Articule e fale mais alto. Não estou ouvindo, não estou entendendo. O que o senhor deseja?

– Simone Veil me autorizou a encontrar-me com a senhora.

– Ah, sei, é verdade isso? Para contar-lhe o quê?

– Me falar da vida no campo.

– Diga a ela que me telefone. Não falo de minha amiga sem que ela me autorize. Veja, só contarei ao senhor o que eu tiver vontade de contar. Há coisas que pertencem só a nós. Nós duas, Simone e eu, temos nossos segredos. E isso é preciso.

Senão, sem problema.

Vou receber o senhor com uma garrafa de *chablis* ou de vodca, o senhor escolhe.

Se for gentil, poderá beber as duas.

Simone Veil me prevenira. Eu não conhecia Marceline Loridan-Ivens. Conhecia seu trabalho ao lado do cineasta Joris Ivens. Militante pela causa argelina nos anos 1960, maoísta e pró-chinesa nos anos 1970, reservada a respeito do movimento esquerdista francês de maio de 1968 e, por fim, ruivinha que eu vira no filme de Jean Rouch e Edgar Morin *Chronique d'un été*, em que ela perguntava aos que passavam na rua se eram felizes. O relacionamento delas me parecia impossível antes de conhecer Simone Veil. Eu descobrira em Simone Veil um gosto pela transgressão, uma exigência de liberdade e uma tolerância que me permitiam compreender melhor essa amizade nascida no campo e que sobrevivera ao campo. Simone havia me dito sorrindo: "Você vai ver, a casa de Marceline é gostosa, é diferente da minha. Há bonecas de Mao por todo lado. Você está arriscado a se divertir muito. Depois você me conta, promete? Ela vai dizer que sou burguesa e excessivamente francesa, mas você vai dizer que isso não é verdade." Simone adorava Marceline.

Não era totalmente verdade. Na casa de Marceline havia poucas representações de Mao e sim livros, muitos livros sobre a deportação, a vida nos campos, a história de Israel, livros de arte, muitos sobre a Itália e a China de ontem, Georges Perec e Marguerite Duras, que ela conhecera bem, e o fantasma de Joris Ivens, presente. O interior do apartamento era refinado, clássico e boêmio. Havia flores por toda parte. Marceline amava as flores e sabia defendê-las. Nós bebemos muito, rimos e também fumamos. Saí de lá às três da madrugada. Estávamos bêbados. Nunca teria imaginado que Simone me levaria para tanta embriaguez e ervas requintadas. Marceline respirava vida e inteligência.

Falando com ela, ouvindo-a, procuro saber mais sobre Simone no campo. Ela me fala de Simone como de uma francesa e no mesmo instante me diz: "Sabe, nunca se esqueça disto: é uma garota de Birkenau." Marceline considera-se uma estrangeira, uma judia polonesa cujo pai queria a todo custo ser mais francês que os franceses. Conta-me a história do castelo de Gourdon, comprado em plena guerra em Bollène, no sul da França; de seu pai, morto em Auschwitz, de Milou, a irmã mais velha de Simone, e da mãe delas, Yvonne.

Simone e Marceline compartilhavam uma cumplicidade que tinha a idade de seu trauma. No campo, tinham quase a mesma idade, Marceline um pouco mais de 16 anos e Simone quase 17 anos. Quando estavam juntas, voltavam a ser as garotas de Birkenau.

Às duas da madrugada, completamente chapado e bêbado, proponho a Marceline filmar as duas na cama de Simone. A cama era um verdadeiro refúgio para Simone, um "barco salva-vidas", dizia ela. Lembrava-lhe, quando criança, as horas passadas com Yvonne, sua mãe. Eu costumava encontrar Simone Veil em seu quarto, que era seu verdadeiro escritório, na praça Vauban. Em cima da cama amontoavam-se pastas, livros também. Era lá que conversávamos muitas vezes. Marceline ri, pergunta como sei disso: "Concordo, mas cabe a você fazer Simone aceitar a proposta. Sabe, há o risco de ela dizer não. A cama é realmente seu trunfo. Se minha amiga fez você entrar no quarto dela, então eu te digo 'sim' para teu filme."

Simone se enganara: Marceline nunca me disse que ela era burguesa e francesa demais.

Algumas semanas depois, organizo esse encontro. Esvazio o melhor *delicatessen* da rua Rosiers: vodca, arenque gordo, pão preto, fígado picado, ovas de salmão, pastrami, strudel e *cheesecake*. Marceline me dissera: "Simone adora essa culinária que ela tem poucas oportunidades de comer."

As duas estão em cima da cama, eu me afasto. Olho-as. Escuto-as. Seu diálogo não necessita de minhas perguntas. Simone queima um cigarro enquanto Marceline enrola um baseado. Tímido e com medo de decepcionar Simone, desisto de compartilhar umas tragadas. Como uma menina travessa, Marceline oferece-o a Simone, que finge espantar-se por a outra, naquela idade, ainda fumar aquilo. "Eu nunca gostei." Como uma adolescente, Marceline responde: "Sabe, é menos tóxico do que as porcarias que você fuma." Elas riem como duas meninas.

O telefone toca. Antoine, o marido de Simone, avisa que estará de volta em meia hora. Simone nos manda abrir as janelas. Elas riem juntas. Simone diz para Marceline: "Até logo, minha querida."

No elevador, Marceline me pergunta se não fizemos muita asneira.
É quase uma da manhã.
Compreendo o que significa ser uma garota de Birkenau.

DAVID TEBOUL

David

No comboio para Auschwitz-Birkenau, vocês duas estavam no mesmo vagão?

Marceline

Não sei. É difícil lembrar.

Simone

Naquele momento Marceline e eu ainda não nos conhecíamos.

Marceline

No seu vagão estava Émile Katzman, aquele que se tornou chantre da sinagoga da rua Copernic?

Simone

Não me lembro de Émile Katzman naquele momento. Só o conheci na sinagoga da Copernic, quando nos encontramos para o Kipur.

Marceline

Então é que não estávamos no mesmo vagão. Porque ele estava no meu, e cantava. Você não teria esquecido.

Penso que você e eu nos encontramos pela primeira vez no bloco* 9 do *Lager**. Foi durante a primeira chamada, ou talvez mesmo antes.

Simone

Talvez tenha sido quando passamos pela tatuagem ou pelas duchas.

Marceline

Mas na tatuagem você estava na letta *J* e eu, na letra *R*; então, passei bem depois de você.

Simone

Sim, mas éramos jovens, e os jovens procuravam conhecer-se.

Marceline
Inclusive éramos as mais jovens. Você tinha 16 anos e eu, 15. Éramos as mais jovens.

Simone
Havia a Sonia...

Marceline
Eu me lembro muito bem de Sonia. Sabe o que acaba de me acontecer? Uma mulher que estava me procurando há 57 anos me encontrou recentemente através do jornal do canal Arte. Ela estava comigo na prisão em Avignon.

Simone
E as duas irmãs que foram presas com você, o que aconteceu com elas?

Marceline
Elas voltaram. Inclusive uma se casou com meu irmão... Ele se apaixonou por ela antes de se alistar nas Forças Francesas Livres. No campo, perdi de vista essas duas irmãs. Uma delas estava num comando* de trabalho que fabricava barbante. Ela trabalhava sob um teto, isso mudava tudo.

Simone
E a mãe delas?

Marceline
A mãe delas havia sido presa na razia de 16 de julho de 1942. Já estava deportada quando as filhas chegaram. Encontrou-se com as duas no campo.

Simone
Estou pensando em todas as que tinham medo de ver chegar sua família, seus filhos.

Marceline

Para elas era terrível ir ver os que chegavam. E isso ainda quando conseguiam passar!

Simone

Você encontrou seu pai no campo, se bem me lembro...

Marceline

Um dia nossos comandos se cruzaram, eu vi meu pai, quis beijá-lo. Você se lembra da sova que levei de uma SS*? Ela me chamou de puta porque eu beijava os homens!

Simone

O que me espantava no campo eram as questões pessoais insuperáveis, por exemplo, as acusações. Em nosso comboio tinha uma mulher presa como resistente. Seu marido havia sido fuzilado. Perceberam que era judia, ela passou por Drancy e foi deportada. Estávamos com uma mulher detida ao mesmo tempo que ela e que sempre pensou que a outra a havia denunciado. No campo, as duas nunca se falaram, nem depois.

Minha irmã Milou era muito amiga das duas mulheres, mas nunca conseguiu aproximá-las.

Marceline

Elas tiveram sorte de voltar.

Simone

Você se inscreveu na Associação de Auschwitz quando voltou?

Marceline

De jeito nenhum. Fui lá uma vez há 50 anos e só voltei nestes últimos anos, para o filme e porque Ginette Kolinka me aconselhou. Ela me disse que o clima havia mudado.

Simone

Você tem contato com Ginette?

Marceline

Seu filho se tornou baterista da banda [de rock] Téléphone. Ele tocava bateria no porão, enquanto Ginette queria que trabalhasse nos Correios! Quanto à Associação de Auschwitz, voltei lá pouquíssimas vezes. De qualquer forma, hoje me encontro com poucas sobreviventes. Alem disso, nós estávamos entre as mais jovens.

Simone

Havia uma grande solidariedade entre as deportadas mais jovens do campo. Todas as outras nos pareciam velhas!

Marceline

Quando falamos "velhas", podiam ser meninas de 20 anos! Elas choravam, eram chatas!

Simone

Elas se mostravam às vezes muito agressivas conosco.

Marceline

Nós carregávamos as pedras cantando, nós brincávamos... Era assim que conseguíamos aguentar. Aquelas meninas mais velhas nos criticavam por isso.

Simone

Elas nos davam lição de moral!

Marceline

Quando chegávamos, elas se calavam. Deviam estar falando de coisas sujas...

Simone
Acho que ficavam contando indefinidamente suas histórias de amor.

Marceline
Ficavam repassando sua vida amorosa. Como para prolongá-la.

Simone
Prolongavam, arrumavam, achavam *happy ends*... Pensavam no que poderiam ter vivido se tivessem tido tempo.

Marceline
Você se lembra de Henriette, a vidente?

Simone
Havia muitas videntes, algumas liam as linhas da mão. Havia também as que cantavam. Uma ou duas tinham uma bela voz.

Marceline
Eu me lembro de uma marselhesa baixinha, uma sefardita. Tinha uma voz formidável.

Simone
Vamos voltar para aquelas mulheres jovens que chamávamos de "as velhas". Eram duras conosco. Tínhamos sempre a impressão de que desaprovavam nossa grande juventude.

Marceline
Havia alguma coisa em nós que elas não suportavam. Nossa inconsciência, talvez. Nossa força vital que se expressava apesar de tudo.

Simone
Nem minha irmã Milou nem mamãe pareciam irritar-se por nossa causa. No entanto, mamãe era uma das mais velhas.

Marceline

Você, sua mãe, sua irmã, era extraordinário ver vocês juntas. Não esqueço.

David

Para você, Marceline, era muito diferente, porque você estava sozinha...

Marceline

Eu estava contente por estar sozinha.

Simone

Você estava contente por estar sozinha?

Marceline

Em todo caso, o simples pensamento de minha mãe estar comigo me horrorizava. Para mim, era melhor estar sozinha. E além disso, se eu tivesse chegado com meu irmão menor ou com minha irmã menor, teria ido diretamente para a câmara de gás, portanto... Realmente, era melhor estar sozinha.

Mas você, sua irmã e sua mãe simbolizavam uma dignidade extraordinária, uma educação. E não só para mim, para muitas outras meninas do campo.

Ainda vejo sua mãe, ela está nos meus olhos, nunca a esqueci. Ao mesmo tempo, aquilo me assustava. Eu pensava: "Deve ser difícil estar aqui com a própria mãe!"

Uma mãe que diz o que devemos fazer e o que não devemos fazer! (*Risos*) No campo, é o cúmulo!

Simone

Ao contrário, mamãe nunca dava lição de moral. Nunca. Hoje ainda acho difícil entender como ela conseguia manter tanta...

Marceline
... dignidade?

Simone
... não só dignidade, mas otimismo. Em 18 de janeiro de 1945, você e eu não estávamos mais juntas, porque Milou, mamãe e eu estávamos em Bobrek. E naquele 18 de janeiro eles nos confinaram já de manhã. Sabíamos que seríamos evacuadas à noite. Pensávamos que íamos voltar para Auschwitz e que lá todas nós seríamos exterminadas.

Mas mamãe mantinha uma confiança inabalável. Ela dizia: "Escapamos disso até agora, e vamos escapar..."

Não se tratava apenas de dignidade, mas de otimismo. Ou melhor, de uma aparência de otimismo, o que era ainda mais forte da parte dela.

Marceline
Penso em vocês três como um símbolo. Vocês eram uma mais bonita que a outra... Além disso eram exemplos vivos de uma educação que me impressionava. Com vocês eu tinha interesse em me comportar bem. Quando sua mãe estava perto, eu andava na linha! (*Risos.*)

Em todo caso, vocês três deviam se sentir mais fortes.

Simone
Eu era a mais nova. Também prestava muita atenção para não cair na mesma grosseria, na mesma violência com que às vezes se dirigiam a nós.

Marceline
Estou queimando sua colcha com meu cigarro! Não vai dar para ver... Você estava no comando 109, se bem me lembro. Vocês estavam sob as ordens de uma *kapo** loira.

Simone
Uma *kapo* loira, muito bonita. Eu me lembro.

Marceline
Era uma ucraniana.

Simone
Uma ucraniana que não parava de namorar. Pouco depois do desembarque da Normandia, ela queria ficar em paz com seu namorado, um outro *kapo*. Eles se isolaram num barracão.

Marceline
Mas na hora do desembarque da Normandia você não estava em Bobrek?

Simone
Não, na hora do desembarque ainda estávamos no comando 109.
Só saímos de Bobrek no começo de julho.
Aquela ucraniana às vezes largava jornais por lá. Largou um recorte de jornal sobre o desembarque, com um mapa do Cotentin e flechas indicando o movimento das tropas.
Tenho certeza de que ela fez isso de propósito, para ter sossego.

Marceline
Você lembra que nós cantamos a *Marselhesa*? Baixinho, passando diante dos alemães...

Simone
Sim, eu me lembro.

Marceline
Foi no portão de saída do campo das mulheres. Quando soubemos que Leclerc estava em Paris, cantamos a *Marselhesa* desfilando diante dos alemães, mas não muito alto.

David
Vocês poderiam falar de sua vida no bloco? Por exemplo, daquela tentativa, um dia, de fugir do trabalho se escondendo...

Marceline
Sim, nós nos escondemos... Simone, você não lembra que nos escondemos no meio das enxergas?

Simone
Não sei mais em qual ocasião.

Marceline
Era para fugir daquelas tarefas pavorosas!

Simone
Sim, eu me lembro!

Marceline
Voltamos de mansinho para o bloco e nos enfiamos no meio das enxergas. Mas não sei mais com que conseguimos nos cobrir.

Simone
Provavelmente a hora da inspeção das camas já tinha passado. Era uma das incoerências do campo. Certas regras, muito precisas, só se aplicavam numa determinada hora.

Marceline
Depois eram esquecidas...

Simone
O regulamento era respeitado no momento certo, em seguida ninguém nos pedia mais nada. Precisávamos nos esconder durante a requisição. Depois podíamos sair, à socapa. Depois que os comandos iam embora não havia mais inspeções. Precisávamos compreender o sistema e tomar certas precauções.
 Do mesmo modo, supostamente não devíamos possuir nada. Mas mesmo assim conseguíamos recuperar diversos objetos. Ninguém nos

perguntava como os havíamos obtido. Quase sempre tínhamos trocado por uma ração de pão. Aquela tentativa de nos escondermos foi durante nossa quarentena, logo no começo.

Marceline
Sim, depois ficou impossível.

Simone
Depois, fomos registradas num comando e um desaparecimento de algumas horas não teria passado despercebido.

Marceline
Éramos muito cercadas, muito vigiadas.

Simone
De manhã, na saída, precisávamos dar um jeito para que os cobertores caíssem perfeitamente em ângulo reto sobre nossas enxergas. Não sei como conseguíamos.

Marceline
Conseguíamos porque tínhamos medo de apanhar!

Simone
Quantas de nós éramos em nossos estrados, aquilo que chamavam de *coyas**?

Marceline
Éramos de seis a oito por *coya*. A maioria eram estruturas quadradas que deviam ter 1 metro e 90 por 1 metro e 90. Falei disso com Marie, que se tornou minha cunhada. Ela me disse que éramos oito no primeiro *coya*.

Simone
Marie, era ela que ocupava um *coya* a meia altura?

Marceline

Você também estava na meia altura, devia ser terrível. Eu no começo tive sorte, ocupava um *coya* bem no alto, mas isso não durou.

Simone

Durante a quarentena, não longe de nós havia uma jovem polonesa que tentava me atrair com um pouco de pão e açúcar. Queria que eu fosse até lá e dormisse com ela.

Eu pegava o presente, mas sempre encontrava um pretexto para sair. (*Risos.*)

Marceline

Se ela tinha pão e açúcar para distribuir, é porque ocupava uma função qualquer dentro do campo. O pão e o açúcar eram muito raros.

Simone

Mas às vezes fazíamos descobertas inesperadas. Em junho de 1944, não sei se você lembra, mamãe e eu fomos mandadas para trabalhar perto do crematório.

Foi na época em que as húngaras chegaram ao campo.

Marceline

Atrás do crematório, eu me lembro, eu estava com vocês.

Simone

Tínhamos de passar na frente do bloco dos ciganos.

Marceline

Os ciganos ainda estavam lá?

Simone

Sim, porque foi em agosto de 1944 que eles foram exterminados. Eu já tinha saído de Auschwitz.

Marceline

Eu me lembro.

Simone

Tínhamos de cavar trincheiras num terreno que ficava perto de uma espécie de depósito.

Marceline

E lá nós conseguimos roubar um bocado de coisas!

Simone

Inclusive uma vez voltamos com latas cheias de diversos objetos.

Marceline

Lembrar isso é inacreditável.

Simone

Então, justamente, que lembrança precisa você tem disso? Nós chegávamos de manhã, muito cedo.

Marceline

Naquele terreiro?

Simone

Sim, perto dos crematórios. Passávamos ao longo de um bloco com uma espécie de canteiro ajardinado na entrada. Depois chegávamos a um terreno onde devíamos cavar trincheiras, supostamente para passar canos. Era sempre a mesma coisa.

Fazíamos trabalhos incompreensíveis. Naquele canteiro encontrávamos roupas infantis, carrinhos de bebê, muletas, brinquedos etc. O que levávamos conosco era tudo aquilo.

E havia também flores. Sobre isso sou categórica. Recentemente li uma polêmica absurda a respeito de Imre Kertész. Acusavam-no de ter mentido quando disse que vira flores nos campos.

Marceline

De fato havia flores naquele canteiro. Especialmente violetas.

Simone

Principalmente amores-perfeitos.

Marceline

Sim, amores-perfeitos, é o que eu chamo de violetas!

Simone

Tenho uma lembrança muito precisa disso. Então, quando alguém acusa Kertész de mentir porque falou de flores... Eu confirmo que havia flores no campo.

Marceline

Creio que eles haviam mandado plantar antes da anunciada visita de um enviado da Cruz Vermelha... Aquele que por fim nunca apareceu e que Claude Lanzmann entrevistou.

É difícil reconstituir tudo aquilo no tempo, encontrar um pouco de cronologia.

Então foi em julho que você foi para Bobrek?

Simone

Em 9 de julho de 1944. Pouco tempo antes do atentado contra Hitler.

Lembro muito bem, soubemos do atentado na mesma noite e tivemos uma esperança, destruída muito rapidamente.

Marceline

Não me lembro de ter sabido da notícia.

Simone

O campo de Bobrek era muito menor. Alguns trabalhavam nos escritórios, ouviam o rádio e escutavam os SSs conversarem entre eles.

Simone
E o desembarque na Normandia, como você soube dele?

Marceline
Soubemos logo depois, acho.

Simone
A partir de maio de 1944, todo mundo começou a falar de um desembarque aqui ou ali. Mas, quando eu estava no comando 109, encontrei aquele pedaço de jornal, sem dúvida largado lá de propósito por aquela *kapo* ucraniana de quem já falamos. Daí eu pensei: então é verdade, o desembarque aconteceu mesmo.

Marceline
Quando Leclerc desfilou em Paris, soubemos imediatamente.

Simone
Mas isso, isso era a Liberação, dois meses depois! Sobre o desembarque, por incrível que pareça, soubemos alguns dias depois. É preciso dizer que era excepcional encontrar até mesmo um pedacinho de jornal. Quando ouço alguns falarem de bibliotecas e de livros que liam nos campos, fico muito espantada.

Marceline
Você está falando de Jorge Semprún[2]. Aí eu grito: "Socorro!"

Simone
Concordo, quando Jorge Semprún fala de biblioteca em Buchenwald, para mim é uma coisa impensável.

---

[2] Jorge Semprún Maura (Madri, 1923-Paris, 2011), escritor, cenarista e político espanhol, passou grande parte da vida na França. Participou da Resistência francesa e foi deportado para Buchenwald; na Espanha, coordenou a Resistência comunista contra o regime de Franco. Muitos de seus livros, escritos em francês, abordam suas experiências como resistente e deportado. (N. da T.)

Marceline

Muitas vezes esse é o problema com os resistentes. Muitos não compreendem o que foram os campos de extermínio. Aliás, eu disse isso a Semprún durante uma reunião, depois da projeção de um filme um pouco irritante sobre sua vida. Ele falava, falava, e eu interferi: "O senhor diz que era bibliotecário, mas eu mesma nunca vi uma biblioteca em Birkenau!"

Simone

Veja bem, ele não diz que era bibliotecário. Ele estava na administração do trabalho, a *Arbeitsstatistik*. Ele diz que tinha acesso à biblioteca e que assim pôde ler obras de Goethe.

Não questiono seu depoimento, mas para nós era completamente diferente. Não me lembro de ter papel nem lápis.

Marceline

Mesmo assim, um dia recebi um bilhete de meu pai. Ele sabia em que bloco eu estava.

Fiquei abismada por ele ter conseguido papel e um lápis para escrever três palavras.

Simone

E depois, no campo de Bergen-Belsen, nós tornamos a nos ver?

Marceline

Tentei encontrar você, procurei por toda parte.

Simone

Eu me lembro. Você apareceu e foi embora quase imediatamente.

Marceline

Sua mãe estava morrendo...

Era praticamente o fim. Vocês jaziam naquela espécie de enxergas podres estendidas no chão, nos corredores de um barracão.

Simone
Brigávamos sem parar com nossos vizinhos.

Marceline
Vocês brigavam por um pedaço de enxerga, por uma ponta de cobertor.

Simone
Depois, nós duas nos perdemos de vista. Em que momento você saiu de Bergen-Belsen?

Marceline
Saí no fim de fevereiro ou começo de março de 1945.

Simone
Você foi para onde?

Marceline
Fui trabalhar numa fábrica Junkers que fabricava aviões de caça, ao lado de Dassau. Eu cortava peças de motor numa fresa.

Simone
Você era eficiente?

Marceline
Não. Uma vez, até fui levada pela máquina! Mas eu me esforçava para fazer traçados certos, porque senão…

Um dia um alemão veio falar comigo. Ele me disse: "Tem uma coisa para você na gaveta." Pensei: "Maravilha! Ele vai me dar alguma coisa de comer." Eram cascas de batata; dividi-as com uma amiga que trabalhava comigo. Foi o único presente que recebi de um alemão no campo.

Simone
Onde você foi libertada?

Marceline
Em Theresienstadt. Fomos evacuadas da fábrica Junkers em vagões para animais. No último dia, como os americanos estavam muito perto e eu queria escapar da evacuação, me escondi num ataúde com minha amiga Renée. Os SSs nos acharam. Bateram em nós e nos castigaram nos confinando no vagão dos doentes de tifo. Dentro daquele vagão só havia cadáveres.
Minha amiga contraiu tifo e morreu.

Simone
Então foi em Theresienstadt que você foi libertada?

Marceline
Foi, mas fugi de Theresienstadt depois da liberação do campo.

Simone
Era como nós em Bergen-Belsen, vocês não tinham possibilidade de sair?

Marceline
Estávamos encurraladas. Nosso comboio vindo de Dessau havia trazido uma terrível epidemia de tifo a Theresienstadt. Todo mundo estava morrendo. Disseram-nos que demoraríamos muito para voltar.

Simone
Foi o que aconteceu também conosco.

Marceline
Então partimos a pé. Estávamos magras como palitos, mas conseguíamos andar. Andamos 60 quilômetros a pé até Praga.

Simone
Quando você voltou para Paris?

Marceline

Muito tarde, em agosto de 1945.

Fui parar numa caserna em Praga. Em seguida, em companhia de prisioneiros de guerra franceses, embarquei num trem que deveria ligar a zona soviética com a zona americana. Com isso esperávamos ser repatriados mais depressa.

O trem parou na fronteira entre as duas zonas.

Lá, os soviéticos, que não queriam ir à zona americana, sugeriram que continuássemos a pé ou voltássemos para Praga. Já era o começo da Guerra Fria.

Depois da passagem da fronteira entre as zonas, ficamos pedindo carona na estrada. Um jipe americano parou, cheio de americanos e australianos. Eles nos levaram para o acampamento deles.

Simone

Ao passo que as pessoas que ficaram em Theresienstadt foram repatriadas muito mais depressa...

Marceline

Sei disso, mas eu não aguentava mais esperar, ficar lá, estar à disposição dos outros. Então, vivi naquele campo americano. Havia um centro de repatriamento para prisioneiros de guerra em Pilsen, não estávamos longe.

Simone

Também havia prisioneiros de guerra perto de Bergen-Belsen. Sabendo que éramos francesas, eles vieram nos ajudar. Trouxeram-nos comida, principalmente nos deram cigarros, que serviam de moeda de troca.

Mas eles foram repatriados muito mais rápido que nós, por avião. Tiveram prioridade. Entretanto, alguns quiseram ficar junto de nós. Não puderam. Um deles, um médico, insistiu para ficar conosco. Não sei se foi autorizado a ficar.

Mais de um mês depois da liberação, estávamos de quarentena por causa do tifo, bloqueados no campo de Bergen-Belsen. Além disso as autoridades francesas consideraram que os prisioneiros de guerra estavam lá havia mais tempo que os deportados e tinham direito de voltar para casa mais rápido.

Marceline
Nós tivemos mais sorte. Os prisioneiros de guerra disseram: "Há várias deportadas de Auschwitz, é preciso repatriá-las conosco." Esbarraram numa recusa. "Não sabemos quem são essas mulheres, disseram-lhes, nem de onde vêm. Temos ordem de repatriar apenas prisioneiros de guerra e ninguém mais."

Então os prisioneiros começaram uma greve, disseram que se recusavam a ser repatriados. Lutaram por nós. Os americanos também. E nós partimos com eles.

Simone
Conosco também, os prisioneiros franceses foram formidáveis. Fizeram tudo o que podiam fazer. Muitos devem a eles seu retorno.

Mostraram gentileza, calor humano.

Foi graças a eles que Milou e eu pudemos passar para meus tios o recado avisando que íamos voltar e que mamãe tinha morrido.

Marceline
Você entrou pelo hotel Lutetia?

Simone
Sim, em 23 de maio de 1945.

Marceline
Borrifaram DDT em você na chegada?

Simone
Nós mesmas pedimos aquele DDT! Estávamos cheias de piolhos.

Marceline
Já eu estava coberta de sarna, passei sarna para todo mundo.

Simone
Tenho uma lembrança de Bergen-Belsen, no grande caminho central cheio de pilhas de cadáveres. Um dia, vi um suéter, tinha uma bonita cor azul-clara. Mesmo em maio, não estava tão quente e aquela roupa me seria útil. A alguns metros de distância, parecia ser de angorá. Cheguei perto. Estava infestado de piolhos. O que lhe dava aquela textura de angorá eram as lêndeas que fervilhavam na lã! Durante toda nossa deportação lutamos contra os piolhos. Então o DDT me pareceu a descoberta mais genial do século.

Marceline
Para mim aquilo me lembrava o campo. Pensei comigo: "Ora essa, a coisa continua!"

Simone
Para nós significava o fim dos piolhos.

Marceline
Quando você voltou para a França, também dormiu no chão?

Simone
Dormi.

Marceline
Não conseguíamos mais dormir numa cama. Sua tia entendia isso?

Simone
Sim, ela entendia. Além disso, meus tios se ocuparam principalmente de Milou.
Eu havia recuperado peso. Tivera tifo, mas apesar disso estava em melhor forma. O estado de Milou era muito mais preocupante. Meus tios hesitaram em hospitalizá-la.

Marceline
Você pensou em voltar a estudar imediatamente?

Simone
Sim, bem bem logo. Quando fui para Auschwitz, tinha acabado de prestar o *baccalauréat*, sem saber se havia sido aprovada.

Quando saí de Bergen-Belsen, tinha a impressão de não saber mais ler nem escrever, mas não queria de jeito nenhum prestar de novo o *bac*. O esforço me parecia enorme. E depois, não sei mais como, soube que havia sido aprovada. Então senti vontade de começar a estudar.

Acima de tudo eu não queria ficar sem fazer nada.

Meus tios me incentivavam a começar alguma coisa. Além disso eu sabia muito bem o que tinha vontade de fazer.

Marceline
Eu, quando voltei, fiquei totalmente perdida.

Simone
Milou e eu nos encontramos em Paris com o que restava da família. Morávamos na casa de meus tios, que tinham voltado da Suíça. Reencontramos minha avó, que tinha se escondido em Nice, e também minha prima, que acabara de se casar. O ambiente estava muito enlutado por causa da morte de mamãe, do desaparecimento de papai, de meu irmão Jean.

No entanto, a vida estava bastante organizada, estruturada, ainda que não houvesse mais nenhum móvel. A casa fora completamente esvaziada, reequipada com o mínimo. Todo mundo devia retomar uma atividade. Eu não pensava em ficar sem fazer nada.

E você, quando voltou, o que fez?

Marceline
Fiquei um ano totalmente sozinha, sem querer ver ninguém. Estava profundamente perturbada. De noite tinha pesadelos horríveis.

Simone
Você estava em Paris?

Marceline
Não, estava no Midi.

Simone
Então foi por isso que não nos encontramos.

Marceline
Mas, apesar disso, fiquei bastante tempo em Paris, no hotel Lutetia. Instalaram-me num quarto transformado em dormitório. Tive até direito a cupons de cinema.

Simone
Milou e eu ficamos só duas ou três horas no Lutetia, depois fomos embora.

Marceline
Porque sua família foi buscar você imediatamente, mas eu não conhecia ninguém em Paris. Então fiquei.

Uma amiga chamada Jeanine me disse: "Depois do Lutetia não vou deixar você sozinha, porque você não sabe o que fazer nem para onde ir. Você não tem ninguém. Vou levar você comigo." Então pegamos o metrô, chegamos a uma rua nos confins do 20º *arrondissement*. Jeanine me disse: "É aqui que meu marido e meu filho moram, vou me encontrar com eles."

A porteira nos recebeu. Disse a ela: "Seu marido não mora mais aqui, foi embora com outra mulher. É terrivel, não?... E seu filho... bom... não sei onde ele está..."

Jeanine ficou totalmente arrasada. Então a porteira lhe disse: "A senhora pode ficar na minha casa algum tempo, mas não sei onde pôr a outra!"

Eu não conhecia Paris, não era nem capaz de pegar o metrô. Então Jeanine me levou de volta para o hotel Lutetia.

Simone

Quando falamos da volta, temos as mesmas lembranças: as coisas correram mal. E a pergunta persiste. Por que esse abismo entre os deportados e os outros? Por que essa dificuldade?

Bem sei que em 1945 a vida estava difícil para todo mundo. Mas isso não explica tudo.

Marceline

Os franceses ainda eram muito antissemitas depois da guerra. Para mim era um horror.

Simone

Concordo totalmente. Mas não é disso que quero falar. A dificuldade estava também em nossas relações com as pessoas próximas, com aqueles que procuravam nos compreender, nos ajudar.

Você fala, você também, da sua mãe, que você não tinha vontade de rever.

Marceline

Acho que se eu tivesse mais idade não teria voltado para a França. Quando quis me alistar para ir lutar em Israel, minha mãe me impediu, ela sempre me impediu de fazer o que quer que fosse. Hoje eu a perdoo.

Ficar sozinha com cinco filhos era muito duro. Não lhe quero mal, ela não sabia como fazer... Devo dizer que a arte de ser mãe e ela eram duas coisas diferentes. Ela penou muito para alimentar a família. Seus filhos não eram especialmente equilibrados. Pode-se mesmo dizer que éramos totalmente malucos.

Eu, por fim, estava maluca. Depois da guerra muitos judeus estavam profundamente neuróticos. Viviam numa espécie de negação da realidade. Só pensavam em casar, fazer filhos, reconstruir famílias, como se nada tivesse acontecido...

Era loucura! Num certo sentido eles tinham razão, a vida devia recuperar seus direitos. Mas tudo podia sair dos trilhos muito violentamente. Contaram-me de um homem que se casou de novo, depois de perder a primeira esposa e os cinco filhos nos campos. Depois da guerra, quando seu filho nasceu, ele tentou se jogar pela janela. Há tantas histórias difíceis de acreditar a respeito dos retornos. Não sei se você lembra de L., que estava no mesmo comboio que nós.

Simone
Lembro, é claro, eu a revi. Ela era dentista, eu acho.

Marceline
Isso mesmo.

Simone
No campo eu mal a conheci, mas quando eu era ministra da Saúde ela foi me ver. Disse-me que tínhamos feito parte do mesmo comboio. Depois disso voltamos a nos ver várias vezes.

Marceline
Era uma mulher formidável. Seu pai e uma de suas irmãs morreram nos campos. Ela voltou com a mãe e outra irmã. Pois bem, muito tempo depois de seu retorno, ela fez uma descoberta terrível. Ela conhecia André Halimi, autor de um documentário e depois de um livro sobre a denúncia dos judeus durante a Ocupação. Graças a Halimi, que tinha acesso aos arquivos da chefia de polícia, ela encontrou a carta por meio da qual sua família havia sido denunciada. Essa carta estava assinada pela zeladora de seu edifício, uma mulher a quem a mãe de L. se afeiçoara depois da guerra, pensando que ela havia piedosamente guardado os móveis e os pertences deles durante sua deportação. A mãe de L. até cuidara dessa zeladora em sua velhice, colocara-a numa casa de repouso à sua própria custa, com toda compaixão. Pois bem, ela é que havia denunciado todos eles.

A mãe de L. nunca soube disso. Foi L. que descobriu.

Simone
Acho que foi melhor a mãe nunca ter sabido.

Marceline
Concordo!
(*Risos.*)

Simone e Paul

O pequeno campo de Bobrek fazia parte do complexo de Auschwitz-Birkenau. Situado a alguns quilômetros do campo principal, funcionou de maio de 1944 a janeiro de 1945, por causa da empresa Siemens-Schuckert. Cerca de 300 deportados de Auschwitz, entre os quais 30 mulheres, foram transferidos para lá. As condições de vida eram menos extremas que em Birkenau. As mulheres eram destacadas para os trabalhos de construção e aterro e os homens, para a fábrica Siemens. Paul Schaffer fez parte do primeiro comando* de Bobrek. Simone Veil foi transferida para lá com a mãe e a irmã em julho de 1944.

Paul Schaffer nasceu em 1924 em Viena, Áustria. Depois da Noite de Cristal, em 10 de novembro de 1938, seus pais decidiram sair de Viena para instalarem-se na Bélgica. Em 1940, em seguida ao ataque dos alemães à Bélgica, eles foram para a França, para Revel, no sudoeste. Paul foi preso em agosto de 1942, com dez mil estrangeiros e apátridas, complementando a razia do Velódromo de Inverno a pedido de Laval e Bousquet. Internado em Drancy, foi deportado para Auschwitz em 4 de setembro de 1942, pelo comboio nº 28. Em maio de 1944 foi transferido para Bobrek. Quando Simone Veil o conheceu, ele ainda não tinha completado 20 anos.

Simone Veil gostava muito de Paul Schaffer. Ela me fez prometer que, um dia, a conversa sobre a vida dos dois em Bobrek seria ouvida. "David, prometa-me não esquecer Paul, é um sobrevivente, um herói também. Além disso, você sabe, ele era namorado de uma jovem em Bobrek. Isso me fez tanto bem! Paul me deu a esperança de amar se eu saísse viva daquele inferno."

"Sua dignidade, sua gentileza com todos, uma forma de civilidade me parecem ainda hoje a mais bela vitória contra um sistema concentracionário previsto para humilhar-nos e reduzir-nos a um estado quase bestial.

Mesmo sabendo que sua mãe e sua irmã, como a maioria dos deportados de seu comboio, tinham sido gaseados ao chegarem a Auschwitz,

Paul nunca afundou no desespero. Ele queria a todo custo viver. Como todos meus companheiros de Bobrek, era uma sorte ter sido enviado para aquele comando*.

Apaixonado por uma moça que fazia parte de nosso pequeno grupo de mulhers, Paul desistiu de fugir durante a marcha da morte, por não querer deixá-la para trás, em perigo. Ela não queria acompanhá-lo porque tinha esperança de encontrar o irmão, também deportado. Paul encontrou-a no campo de Gleiwitz, onde paramos antes de nosso embarque nos trens. Seu idílio com aquela moça marcou todos nós. Todos nos comovíamos com o amor dos dois jovens. Aquela história romântica nos mostrava que até mesmo no campo ainda havia lugar para os sentimentos puros e desinteressados. Ela me deu uma parcela de sonho que nos fazia tanta falta em nossa vida miserável.

Quando, em 1945, como o exército soviético se aproximava de Auschwitz, fomos todos empurrados para a estrada numa longa marcha forçada para o oeste, Paul não hesitou em assumir o risco de pular do vagão com um colega, na esperança de esconder-se até a chegada dos soldados russos.

Ele sabia que, se fosse encontrado pelos SSs* ou denunciado por habitantes da região, seria abatido na mesma hora. Depois de alguns dias vagando e correndo perigo na zona dos combates, foi liberado. Escapou assim de um transporte de vários dias em vagão descoberto, sob um frio glacial, durante o qual muitos deportados morreram de fome e de esgotamento.

Essa fuga, que a maioria considerava arriscada demais, permitiu a Paul reduzir em alguns meses sua deportação. Meses durante os quais o tifo e a fome causaram a morte de um grande número de deportados, muito pouco tempo antes do fim da guerra. Ele teve o instinto de dizer consigo: 'Tenho uma chance, agora, imediatamente, devo agarrá-la.'"

DAVID TEBOUL

Simone
Estou vendo seu número tatuado no antebraço. Ele aparece claramente.

Paul
Meu tatuador tinha "uma letra bonita". É um trabalho muito bem feito.

Simone
Você não tem um triângulo abaixo? Eu tenho um, ainda visível. Mas minha pele é mais morena, meu número é menos visível que o seu.

Paul
Escrevi em meu livro, meu número se compõe de três algarismos que se repetem: 160610.
Quando os franceses tinham de dizer seu número em alemão, era uma tortura para eles.
De modo geral, a língua alemã era uma tortura para os que não a tinham aprendido. Quando transformamos a olaria em fábrica, meu comando* de trabalho também tinha de cantar em alemão.

Simone
Quando se tornou uma fábrica?

Paul
Entre novembro de 1943 e março de 1944.
Todo dia, saíamos de Birkenau para construir aquela fábrica no lugar da olaria. Era naquele momento que tínhamos de cantar. Para os que sabiam alemão era fácil, ainda que estivéssemos esgotados pela jornada de trabalho. Em contrapartida, os que não pronunciavam bem as palavras apanhavam. Aquele canto era uma provação temível. Entretanto, éramos menos maltratados do que outros, porque a Siemens fazia questão de que a fábrica fosse construída no prazo.

Simone

Era o comando de trabalho que conheci?

Paul

O primeiro grupo destacado para a construção da fábrica tinha 50 pessoas. Quando terminamos a construção e voltamos para o campo de Bobrek, não éramos mais que 20. No espaço de alguns meses, nosso chefe de bloco*, um tal Bednarek, se encarregara de nos "manter em forma" à custa de chibatadas. Ele nos infligia o que chamava de "exercícios de ginástica", geralmente à meia-noite.

Simone

Foi desse modo que a maioria morreu?
Também houve as epidemias, a disenteria, o tifo?

Paul

Houve a disenteria, as surras e toda uma série de outras causas. Os que estavam magros demais partiam na seleção.
Só um escapou dela.
Porque pertencia à firma Siemens.
Aquele sobreviveu.

Simone

Quando vocês foram transferidos para Bobrek?

Paul

Em abril de 1944.

Simone

Nessa hora só havia homens em seu grupo?

Paul

Já havia algumas mulheres.

Quando chegamos, sentimos que a vida não ia caminhar nas mesmas condições que em Birkenau. O campo era muito menor e o comportamento geral dos guardas não era o mesmo, principalmente devido à presença de civis alemães.

Além disso o fim da guerra estava próximo. Quando soubemos da liberação de Paris, o comandante de Bobrek nos fez este discurso: "Sei que vocês estão jubilosos com a liberação de Paris, mas nem por isso pensem que a Alemanha perdeu a guerra. Saibam simplesmente que estou a par de tudo. Eu sei tudo. Sei mais sobre isso do que o bom Deus."

Simone

Era Lukaschek? Quando partimos, em 18 de janeiro de 1945, e o vimos de novo em Gleiwitz, ele jogou um jogo muito ambíguo. Acho que até tentou ir embora.

Paul

Ele morria de medo da frente russa. Também temia ser demitido por uma falta qualquer. Em Bobrek os deportados tinham medo de ser mandados para Auschwitz e os SSs*, de ser mandados para o Leste.

Simone

Lukaschek parecia muito pessimista e consciente do resultado da guerra. Diziam também que ele era *Volksdeutscher**, não completamente alemão. Ele não nos perseguia tanto quanto os outros.

Paul

Sem dúvida essa perseguição já não divertia tanto os SSs como no início da deportação.

Simone

Acho você otimista. Em Birkenau eles perseguiram até o fim.

Paul

Sem dúvida era o efeito de serem muitos.

Simone

No caminho da evacuação, quando fomos andando, eles não davam trégua.

Paul

Eles tinham recebido ordens. Deviam atirar nos retardatários.

Simone

Entretanto, quando alguém caía, para eles era fácil deixar a pessoa ter sua chance. Ninguém ia olhar se os soldados e os SSs deixavam para trás mortos ou moribundos.

Paul

Eles, por sua vez, tinham medo.

Em Bergen-Belsen os SSs continuaram muito agressivos até o fim. Voltando a Lukaschek, acho que ele, justamente, não perseguia os deportados. Haviam lhe atribuído aquele posto de comando e pouco a pouco ele se pôs a fazer como os outros. Você se lembra de Anatole, ex-prisioneiro russo que foi parar em Bobrek? Ele não parava de falar de política e, para empregar os termos dos SSs, de "fazer propaganda". Não trabalhava na fábrica, mas sim no aterro. Lukaschek teria 100 oportunidades de moê-lo de pancada ou de mandá-lo de volta para Auschwitz. Em Birkenau Anatole não teria durado muito.

Esse regime menos repressivo estava ligado também ao pequeno número [de deportados]. Eu me lembro de seu grupo de trabalho, ao qual Anatole pertencia. Você ficava carregando sem parar terra numa espécie de padiola. Era estranho ver aquelas moças transportando uma carga tão pesada de terra. Você era o centro das atenções das outras. Eu percebia que você despertava simpatia em suas colegas. Confesso que a chegada de vocês ao campo de Bobrek não passou despercebida.

Você e sua irmã eram belas. Sua mãe impressionava pela dignidade. De modo geral, a presença de mulheres dentro daquele campo onde reinavam a miséria e a tristeza era um consolo para nós. Principalmente quando aquelas mulheres não estavam deportadas há tempo demais e ainda tinham aparência humana. Reencontrávamos uma ligação com o mundo exterior. Eu já tinha uma longa experiência dos campos. Compreendi imediatamente que vocês eram pessoas educadas e cultas, vindas de um certo meio. Apesar das roupas miseráveis, a dignidade de vocês se impunha imediatamente.

Simone

Eu teria gostado que aquele trabalho fosse de jardinagem, mas consistia em aplainar terrenos, como em Birkenau. Como se os SSs quisessem construir ali uma quadra de tênis. Até o menor pedregulho devia ser retirado. O resultado devia ser totalmente plano. Aquilo nunca serviu para nada.

Paul

Na quarentena tínhamos de mudar pedras de lugar, desmanchar uma montanha de pedras para edificar outra. Chamavam isso de "sessões de educação". Destinavam-se a ensinar-nos a viver no campo.

Simone

Eu também mudei pedras de lugar quando estava na quarentena.

Paul

Para enfrentar todos aqueles trabalhos era preciso muita habilidade. Esvaziar um caminhão de carvão, por exemplo, parece coisa fácil, mas exige um savoir-faire. Havia também o descarregamento da areia. Tudo isso sob vigilância dos *kapos** e dos SSs.

Simone

O que havia de mais duro para nós, mulheres, era carregar os trilhos. Transportei trilhos para lugares onde nunca existiu uma ferrovia. Nunca compreendi a finalidade daqueles trabalhos. Me tornei uma pedreira muito boa.

Paul

Torneei peças para a Siemens sem nunca compreender para que elas podiam servir.

Simone

Pois bem, quanto a mim, tive direito a explicações. Aquelas peças se chamavam tarraxas, serviam para perfurar roscas de parafuso. Tratava-se de um trabalho de alta precisão. Eu não levava muito jeito.

Paul

Acabei sendo um torneiro bastante bom. Na primeira vez, errei por dez milímetros, o que era enorme. O alemão que dirigia os trabalhos me disse: "Um segundo erro e você volta para Birkenau." Não houve segundo erro. Era preciso ficar extremamente atento e aprender o ofício muito depressa.

Depois da guerra revi aquele chefe da mão de obra estrangeira da Siemens. Perguntei-lhe quais eram os critérios de sua escolha. Ele me respondeu: "Eu o escolhi não pelo que o senhor era, mas pelo que eu podia fazer do senhor, e acabou sendo um bom torneiro."

Simone

Nós, as mulheres, éramos consideradas inutilizáveis, e ainda bem! Éramos favorecidas. Nosso trabalho era muito duro, mas não havia vexações sistemáticas.

Paul

Quando falo de Bobrek para colegas deportados para outros campos, eles arregalam os olhos. Era um dos raros campos desse tipo.

Simone

Na fábrica, tínhamos a possibilidade de nos falarmos. Domingo também.

Paul
Pela primeira vez durante minha deportação, um em cada dois domingos não trabalhávamos. Até então eu havia trabalhado todos os dias.

Simone
Começávamos às seis ou sete horas, antes de o sol aparecer.

Paul
Em Birkenau eu não teria conseguido aguentar tanto tempo.

Simone
Quanto à marcha de evacuação, sem dúvida estávamos em melhor estado que a maioria. Isso nos salvou. Você fugiu um pouco mais tarde. Fale de sua fuga.

Paul
Eu já a tinha planejado. Nossas poucas horas semanais de liberdade permitiam que pensássemos em outra coisa que não o campo. Eu pensava que a oportunidade de fugir me seria dada por um bombardeio ou por alguma outra coisa, imprevisível, mas não havia imaginado uma evacuação.

Simone
Eu também não; não pensava que nos evacuariam. Pensava que nos levariam de volta para Auschwitz e dariam sumiço em nós. Naquele momento imaginávamos que os russos iam surgir em 48 horas.

Paul
Eles tinham perdido o controle da situação. Não sabiam como se livrar das dezenas de milhares de prisioneiros de Birkenau. É bem verdade que não era fácil livrar-se deles. O que me espantou foi que os alemães nos levaram de volta para a Alemanha, sendo que haviam gastado bilhões para que a Alemanha fosse *Judenrein*, ou seja, sem judeus!

Simone

Essa é uma das perguntas que me fiz com frequência. Eles poderiam ter nos liquidado lá mesmo com algumas metralhadoras, correndo apenas o risco de não poderem fazer desaparecer os cadáveres, de não poder queimá-los.

Eles próprios tinham muito medo de ser capturados. Mas o fato de nos levarem junto fazia-os perder um tempo enorme. Poderiam ter evacuado suas próprias tropas de trem.

Assim, tínhamos a impressão de que havia, de um lado, a lógica militar e, do outro, as instruções a respeito dos campos. Eles haviam recebido ordem de não deixar deportados para trás, e essa ordem suplantava todas as outras. Em abril de 1945 os trens e as estradas eram absolutamente necessários para o material, os soldados e as populações alemãs. Mas foram usados principalmente para os deportados. Você conheceu aqueles trens?

Paul

Subi no trem em Gleiwitz, mas consegui pular dele mais ou menos uma hora depois.

Simone

Um número muito grande de trens saiu de Gleiwitz. Havia uma quantidade enorme de gente para ser evacuada. Não eram vagões para passageiros, nem mesmo vagões para animais: eram vagões para carvão.

Paul

Para nós também eram simples vagões para carvão. Dentro deles ainda havia pó de carvão coberto de neve... O que está dizendo sobre darem prioridade à evacuação dos deportados é verdade também sobre enviarem para deportação, pois os envios continuaram até o último minuto, sendo que os alemães precisavam dos trens para encaminhar material ou homens.

Simone

Sim, mas esse tráfego era menos denso que o da evacuação. Já em outubro de 1944 tivemos uma impressão de derrocada. Inclusive vi camelos naquela estrada de Cracóvia que beirava o campo. Eram prisioneiros soviéticos da Ásia central.

Você subiu alguma vez no talude do outro lado da estrada? Sabia que o rio Vístula estava logo do outro lado?

Paul

Não, não subi. Em Bobrek minha única preocupação era conservar meu lugar no trabalho. Também pensava em meu amor, Bluma.

Simone

O soldado de vigia, não sei com qual pretexto, me autorizou a subir no talude. Não até o topo, é claro. Então pude ver que estávamos entre a estrada e o Vístula.

Paul

A localização geográfica de Bobrek era muito mais favorável que a de Birkenau. O terreno de Birkenau era pantanoso e lamacento.

Simone

Além disso havia aquele cheiro terrível. Nem uma folhinha de mato. Em Bobrek havia árvores. Naquele último inverno, muito frio, nevoso, tenho a lembrança daquelas árvores congeladas.

Paul

Em Birkenau não havia nem janelas nem árvores. Era o fim do mundo, enquanto Bobrek, de certa forma, estava perto do mundo.

Simone

Era um campo de internação, muito duro, mas não era considerado um campo da morte.

Paul

Não se deve de modo algum julgar que Bobrek fosse representativo do universo concentracionário. Apenas cerca de 250 pessoas puderam ter as vantagens dele, enquanto milhões de deportados conheceram o inferno. Eles não podiam sequer imaginar Bobrek. Os sobreviventes de Bobrek tiveram uma chance de sobreviver.

Simone

Mamãe, Milou e eu fomos para Bergen-Belsen juntas. Lá, as chances de sobrevivência eram muito menores. O tifo reinava. A epidemia continuou depois da liberação pelos britânicos. Eles queimaram os barracões com lança-chamas. Muitos deportados voltaram muito doentes e vários morreram na França. Quando o exército britânico chegou, havia um barracão com mais de oitocentas pessoas alojadas. Seiscentas morreram logo depois da liberação. Os britânicos não estavam preparados para essas descobertas. Eles não tinham nenhuma comida para nos dar.

Paul

Quando dizem que os aliados ignoravam nossa existência, fico muito cético. Como, durante uma guerra, é possível ignorar algo que diz respeito a milhões de seres humanos?

Simone

Estou tão convencida disso quanto você.

Muito mais pessoas do que se diz sabiam da existência dos campos. Houve visitantes, pessoas que ao ir embora levaram filmes. Dito isso, ninguém podia imaginar o que eram Birkenau ou Bergen-Belsen no momento em que foram liberados. Eu estava lá quando os primeiros tanques britânicos entraram em Bergen-Belsen. Eu trabalhava num bloco* que ficava logo na entrada do campo. Assim, pude ver a reação deles, o modo como nos olhavam. Estavam se perguntando de onde tínhamos saído e o que era aquele cenário dantesco. Se alguns estavam informados, ninguém imaginava o tamanho daquela realidade.

Os britânicos foram pegos totalmente de surpresa. Depois de alguns dias o comandante da operação pediu para ser transferido. Sentia-se incapaz de fazer qualquer coisa que fosse, a não ser a distribuição de rações. Para nós as rações britânicas eram praticamente inconsumíveis. Felizmente havia fazendas na região. Depois da liberação do campo, os soldados franceses nos levaram cigarros, que utilizamos para fazer permutas. Minha irmã Milou parecia moribunda, não podia comer nada. Quanto a mim, apesar da quarentena e da proibição absoluta de sair, atravessava todas as cercas de arame farpado com algumas colegas. Íamos trocar aqueles cigarros por leite ou batatas.

Mais tarde, como os barracões do campo haviam sido queimados, realojaram-nos em casernas antes ocupadas por SSs húngaros. Lá, dormíamos em enxergas ou em colchões no chão. Então ficou mais fácil sair. Assim, aventurei-me a ir em busca de comida. A região fora muito pouco afetada pela guerra. As tropas aliadas a atravessaram rapidamente e sem provocar destruições.

Apesar de sermos moças e de não portarmos armas, quando chegávamos às fazendas as pessoas tinham medo. Assim, não estavam dispostos a nos dar o que quer que fosse. Exigiam alguma coisa em troca. Os cigarros dados pelos franceses se tornavam nossas moedas de troca. O problema era poder voltar ao campo sem sermos vistas.

Uma vez, nos vimos frente a frente com os soldados ingleses. A lembrança dos SSs ainda era muito recente. Pensamos: "Eles vão nos pôr na prisão." Não nos puseram na prisão, mas nos fizeram entender bem que ao sair do campo havíamos cometido um crime. Não sei se era por causa do tifo ou da desordem que aquilo representava.

A situação era realmente paradoxal.

Fazia várias semanas que o campo estava liberado. Nós simplesmente procurávamos o que comer, não obtínhamos nada gratuitamente, éramos obrigadas a trocar pelos cigarros. Tínhamos tanto medo de ser pegas que só a custo ousávamos sair para sobreviver. Tudo isso se prolongou por um mês, com o medo onipresente do tifo.

Paul

Na época, os que liberavam os campos não compreendiam a extensão do que descobriam. Fosse em Bergen-Belsen ou em Auschwitz, era efetivamente inimaginável. O mesmo fenômeno de incompreensão atuou quando voltamos, com a dificuldade de relatar, de transmitir. Na França, o que narrávamos parecia inverossímil e as pessoas tinham dificuldade em acreditar.

Simone

O que era ainda mais inverossímil era o estado dos deportados. Muitos mal conseguiam parar em pé. Alguns tinham se tornado esqueletos, às vezes pesavam 30 quilos, às vezes menos. Estavam meio cegos, cambaleavam. Esses casos desesperados eram chamados de "muçulmanos"*.

Hoje, quando as pessoas vão a Birkenau ou a Auschwitz, veem a extensão dos barracões, observam um certo número de coisas, mas estão longe da transmissão de uma experiência. Quando os jovens dizem que "imaginam", não imaginam absolutameente nada. Aquilo continua inimaginável.

Paul

Em minha opinião, é bom que eles não possam imaginar, porque os que fossem capazes de imaginar uma tal realidade seriam indivíduos perigosos.

Simone

Hoje as pessoas pensam que se tratava de uma soma de fadiga, trabalho, agressões físicas, fome e sede. Imaginam a vida nos campos como uma acumulação disso tudo. O que não percebem é a humilhação total, a incoerência absoluta que sofríamos diariamente. Nunca sabíamos o que podia acontecer conosco. Nunca sabíamos o que era esperado de nós. Nenhuma regra era confiável e segura. Aquelas pedras que transportávamos, por mais que escolhêssemos as do tamanho certo, por mais que as transportássemos como devia ser, a qualquer momento um *kapo* que achasse que não cavávamos devidamente rápido podia tirar a picareta de nossa mão e baixá-la em nossa cabeça. Podia ser num acesso de sadismo ou simplesmente para dar risada. A cada momento podia acontecer o pior.

Paul

O objetivo deles era desumanizar-nos.

Simone

Essa desumanização baseava-se em coisas que parecem insignificantes, por exemplo, o fato de não ter uma tigela, ou de ter uma tigela para três, ou ainda de ter uma tigela mas não ter uma colher.

Nós três, mamãe, minha irmã e eu, comíamos juntas na mesma tigela enferrujada. Isso não nos enojava. Mas, assim que começávamos a comer, alguém podia passar e arrancar a tigela de nossas mãos.

Paul

O que me entristece é pensar que nossa experiência e o preço tão alto que pagamos não serviram para tornar a humanidade um pouquinho melhor, mais pacífica, mais respeitadora do outro. Nem mesmo sei se fomos capazes de transmitir aos outros essa experiência. Creio que a levaremos conosco. Sessenta anos depois, o que vejo me horroriza.

Por que pagamos tão caro?

Por um mundo que continua a ser igualmente violento, igualmente agressivo.

Simone

Creio que o mundo é violento em si. Nele imperam as paixões e os interesses, com seu lote de ostracismos étnicos, raciais e sociais. Se considerarmos as grandes catástrofes que houve desde a guerra, cada vez elas se apresentaram sob uma forma e num contexto diferentes, de modo que a comunidade internacional não foi capaz de evitá-las.

Sem voltar aos genocídios anteriores, como o dos armênios, penso simplesmente em Camboja. A situação política interna do país desencadeou o genocídio cambojano. Esse acontecimento não se parecia com nada conhecido. Ninguém compreendeu, ninguém fez nada, ninguém pôde fazer nada. É um de meus grandes remorsos. Lembro-me muito bem do dia em que a mulher de um oficial francês me falou do que estava acontecendo em Phnom Penh. Muitas pessoas então achavam formidável aquele regime. Eu não acreditava numa só palavra dele, mas estava longe de imaginar a realidade: aquele regime estava notadamente demolindo o sistema de saúde e destruindo os hospitais. Quando me disseram que os *khmers* vermelhos haviam quebrado tudo no hospital de Phnom Penh e que matavam os doentes, aquilo me pareceu inimaginável. Depois de alguns dias me dei conta de que era verdade. Mesmo sabendo por experiência que tudo pode acontecer, ainda somos pegos de surpresa.

Penso também nos massacres de Ruanda e da Libéria. Novamente fomos incapazes de evitar o acontecimento. Toda vez é a mesma coisa: quando os acontecimentos se desencadeiam já é tarde demais.

Em tais circunstâncias, só as Nações Unidas deveriam ter a capacidade de intervir. Infelizmente, ali o consenso é difícil e elas não dispõem do poder necessário. Em Ruanda, quando a população começou a dispersar-se na floresta já era tarde demais.

Paul
Em que a experiência que nós vivemos serviu para os governantes de hoje?

Simone
Quando quero ser otimista, digo comigo que aquilo pelo menos serviu de lição para os europeus em suas relações mútuas. Faz 60 anos que não há uma guerra na Europa, com exceção do conflito da ex-Iugoslávia. E esse conflito eclodiu em condições que era difícil prever e difícil deter.

David
Retrospectivamente, uma coisa me parece muito surpreendente: a postura da Cruz Vermelha durante a Segunda Guerra Mundial. Sabe-

-se que os aliados estavam informados do que acontecia nos campos. Mas tem-se a impressão de que não era uma prioridade para eles. A situação dos deportados, particularmente a dos judeus nos campos, não era sua preocupação principal. Eles faziam uma distinção muito nítida entre as operações militares – sua prioridade – e as condições dos deportados.

Paul

Parece-me que não é assim que devemos ver as coisas. A questão não era a prioridade dada a este ou aquele fator da guerra. Entre os chefes de Estado aliados, alguns realmente tiveram medo de que os acusassem de fazer a guerra pelos judeus. Portanto, a questão da sorte dos judeus ficou sob silêncio. Churchill ou Roosevelt julgavam perigoso que pudessem censurá-los por jovens americanos morrerem por uma causa que não era a deles. Ao passo que se tratava simplesmente de uma causa humana, uma causa civilizatória.

Simone

Não creio que eles tenham levado o raciocínio até aí. Somos um pouco deformados por certas situações contemporâneas. É indiscutível que a situação dos deportados não era a prioridade dos aliados. Mesmo que estivessem informados de um certo número de coisas, nunca imaginaram que pudesse se tratar de massacres tão significativos. Não dispunham de elementos que indicassem que toda a população judia estava sendo sistematicamente exterminada.

A prioridade deles na verdade era o fim da guerra. Na situação em que estavam em 1944, me parece que a vitória sobre os alemães era seu único objetivo.

Em 1942 Stalingrado enviou um primeiro sinal, mas essa vitória não mudou o curso da guerra. Durante muito tempo, os alemães acreditaram que podiam resistir. Os aliados levaram tempo para inverter a relação de forças. Em junho de 1944, o desembarque da Normandia quase fracassou.

Se tivesse fracassado, teria sido preciso esperar anos. Para os aliados a luta nunca foi fácil, o resultado da guerra ficou incerto durante muito tempo.

Era preciso bombardear os caminhos que conduziam aos campos? É fácil fazer esse tipo de raciocínio depois. Às vezes os próprios campos foram bombardeados. As bombas muitas vezes caíam ao lado e, quando atingiam seus alvos, tudo era reconstruído extremamente rápido.

David

Mesmo assim, o que surpreende hoje, à medida que as pesquisas avançam, é o pouco interesse que os aliados e, de modo geral, os não judeus concederam ao desaparecimento dos judeus.

Simone

Na Polônia, parece que houve várias redes de poloneses não judeus para tentarem tirar pessoas do campo e dos guetos. Procuraram encarregar-se pelo menos das crianças, mas não só. Os riscos eram consideráveis. As redes que tentavam socorrer os judeus também precisavam de dinheiro, de recursos materiais. Parece que essas redes polonesas tinham ligação com os britânicos.

Não era muito difícil fazer chegar até elas dinheiro da Grã-Bretanha. Mas isso não foi feito. Na maior parte do tempo o apoio financeiro não ocorreu, sendo que havia grandes fortunas judias na Grã-Bretanha e nos Estados Unidos. A solidariedade foi pequena. Em 1938-1939, os barcos de refugiados foram rechaçados nos Estados Unidos. Portanto, algumas partes da opinião pública estavam a par. Hoje às vezes as pessoas são muito severas, e com razão, a respeito da atitude dos europeus.

Assim, várias coisas agiram simultaneamente.

No pré-guerra, é indiscutível que não se deu prioridade à situação dos judeus. A conferência de Évian, em 1938, mostra bem isso. Sabia-se o que estava acontecendo então na Alemanha, e os americanos não concederam vistos de entrada. Os barcos que atravessavam o Atlântico foram mandados de volta. Quando retornaram para a Europa, todos os passageiros foram deportados. Sobre todos esses pontos, concordo com sua análise.

A tomada de consciência não aconteceu. Acrescento, porém, este ponto fundamental: a partir do momento em que os aliados entraram na guerra, deu-se prioridade ao aspecto miltar.

Paul

Salvar os judeus não era a prioridade dos aliados, era um objetivo incompatível com as operações militares.

David

Hoje, retrospectivamente, digo bem retrospectivamente, tem-se a impressão de que os judeus foram abandonados pelos aliados e pela Resistência.

Simone

Você não pode dizer isso. Em primeiro lugar, a Resistência francesa ignorava uma parte da realidade da deportação dos judeus. Ela não compreendia o que aquilo representava. Em segundo lugar, achava que era mais importante lutar contra o ocupante nazista, e isso independentemente das tendências políticas dos movimentos resistentes. Outras redes é que foram ajudar os judeus. Na maior parte do tempo elas não se misturaram com os resistentes, porque para as redes de Resistência propriamente ditas isso teria sido um enorme risco suplementar.

Você falou também da Cruz Vermelha. Durante muito tempo a Cruz Vermelha se contentou com ilusões. Ela praticamente não enviou visitantes em missão. Só depois de décadas é que foi feita uma investigação séria sobre a atitude dessa organização. Sabe-se agora que foi em 1942 ou 1943 que eles deliberaram a respeito disso. Para terminar, decidiram nada fazer. Segundo eles, os judeus não eram protegidos pelas convenções de Genebra.

A Cruz Vermelha considerava que não tinha de encarregar-se da situação dos deportados. Em seguida, durante muito tempo eles negaram que conheciam pelo menos uma parte da realidade. Não tornaram públicas essas deliberações. De minha parte, também espero a publicação dos arquivos do Vaticano sobre esse período. O Vaticano estava informado de um certo número de coisas.

Paul

A Cruz Vermelha de certo modo participou da tragédia. Uma pequena parte do campo de Auschwitz era uma vitrine. Os visitantes da Cruz Vermelha visitaram aquela vitrine. Não pediram para visitar o restante do campo.

David

Foi em Theresienstadt e não em Auschwitz que houve uma visita do chefe da Cruz Vermelha.

Esse representante suíço visitou o campo e não viu absolutamente nada. Os nazistas trabalharam quase seis meses para preparar essa visita. Aquele senhor não fez nenhuma pergunta. Há um filme de Claude Lanzmann sobre esse assunto, *Un Vivant qui passe*.

O visitante da Cruz Vermelha encontrou-se com o comandante de Auschwitz, mas a visita só ocorreu seis meses depois, em Theresienstadt. Esse campo fora transformado em campo-modelo. Concentraram elites nele. Em tempos normais, era apenas um campo menos duro que Birkenau.

Paul

Em Theresienstadt as famílias não eram separadas. As crianças ficavam com os pais. Não era uma diferença pequena.

Simone

Lá, muitos deportados eram judeus alemães que pertenciam à elite intelectual e cultural. Muitos pintavam e desenhavam. Muitos desses desenhos e pinturas eram enviados para a Alemanha para ser vendidos a bom preço, devido à notoriedade dos artistas. Também havia músicos. Entre os deportados, alguns judeus alemães tinham se convertido ao cristianismo. Desde a guerra, e mesmo desde o fim do século XIX, tinham se tornado protestantes, mesmo que fosse apenas para terem acesso à função pública. Muitos "semijudeus" ou cônjuges de casais mistos também foram enviados para Theresienstadt. Depois da liberação, foram encontrados lá desenhos e quadros de alta qualidade, feitos clandestinamente, que representavam a vida no campo e que hoje estão publicados. Em Praga, vi uma exposição de desenhos de crianças de Theresienstadt. Foi um dos últimos campos liberados. Os soviéticos só entraram nele em maio de 1945. Nesse meio-tempo, inúmeros deportados tinham sido mandados para Auschwitz e exterminados na chegada, enquanto Theresienstadt se enchia de deportados vindos de outros campos.

Paul

Hoje vemos que as lições daquela época não foram aprendidas. Em muitas ocasiões desde 1945 a Cruz Vermelha absteve-se de intervir em situações de extrema violência de massa.

Simone

Há uma razão para isso. Os estatutos da Cruz Vermelha, que datam de Henry Dunant, são muito precisos. As missões dela são enquadradas por regras estritas e aplicam-se a situações claramente definidas. Isso pode parecer limitante, mas com relação aos prisioneiros de guerra, por exemplo, a Cruz Vermelha cumpre seu papel. Só intervém em situações de conflito.

Todas as organizações internacionais têm os mesmos limites. O mesmo problema acontece com os soldados das Nações Unidas. Os soldados da Forpronu[1] nem sempre têm mandato para intervir. Essas organizações foram criadas por meio de textos precisos e limitantes, sem o que não poderiam ter nascido. Se não aplicarem seus próprios estatutos, se metem em dificuldade e fazem o que reprovam nos outros.

---

[1] Force de Protection des Nations Unies; em inglês, United Nations Protection Force (Unprofor). (N. da T.)

Esse é também o problema de algumas organizações não governamentais (ONGs). Nesse caso, a restrição está menos ligada aos estatutos do que a uma situação restritiva. Essas ONGs são forçadas a um certo silêncio, sob pena de pôr em perigo seus próprios membros. Elas se abstêm sobre certos territórios, faltam com seu dever de denunciar as atrocidades, porque isso poderia pôr em perigo todas suas atividades. Será que é melhor abster-se de toda e qualquer missão num país, visto que não se é completamente livre nele? É uma questão delicada. Foi debatida principalmente a respeito do Sudão e da Somália, mas também a respeito da Tchetchênia.

David

No momento da liberação dos campos, você não ficou chocada com o tratamento que os aliados deram a certos deportados? Aos apátridas, por exemplo? Particularmente quando se tratava de crianças?

Simone

No momento da liberação dos campos, a situação frequentemente era muito difícil. Muitos deportados ficaram durante anos em campos para pessoas deslocadas. A França, em princípio, acolheu todos os que tinham nacionalidade francesa. Todos os que haviam sido deportados a partir da França também estavam autorizados a voltar para ela. Mas a situação era muito confusa. Lembro-me de ter conhecido um oficial de ligação francês em missão em Bergen-Belsen. Ele fazia muitas perguntas e verificava as coordenadas de cada um. Temia-se que alemães se aproveitassem da situação para se infiltrarem. Dizia-se também que deportados originários dos países da Europa Central ou Oriental tentavam ser repatriados para um país que não era o deles.

Por fim, entre os judeus, muitos teriam desejado ir para a Palestina. Embora na época Israel ainda não existisse, esse era o único objetivo deles, seu horizonte. Em Auschwitz muitas vezes ouvi colegas, principalmente judias polonesas ou tchecas, dizerem: "Se um dia eu sair daqui, vou para a Palestina, não vou para outro lugar." Às vezes elas assumiram o risco de ficar vegetando em campos de pessoas deslocadas em vez de voltar a seu país de origem. Na época, a emigração para esse território, sob administração britânica, era estritamente proibida. Entretanto, as viagens clandestinas começaram. Foi preciso ocorrer o drama do *Exodus* para que houvesse uma tomada de consciência. Lotado de passageiros clandestinos, o *Exodus* fez um desvio por Chipre e lá ficou. Foi em 1947. De modo geral, um grande número de deportados ficou muito tempo nos campos de pessoas deslocadas. Pode-se acusar os franceses de não terem acolhido um mundo de pessoas, mas é preciso reconstituir os acontecimentos em seu contexto.

Estamos falando 60 anos depois dos fatos e tendemos a esquecer a situação da França naquela época. Os franceses sofriam com o racionamento, a vida diária era extremamente difícil. Algumas regiões haviam sofrido bombardeios intensos. E nem falo dos distúrbios políticos internos, da depuração[2], dos conflitos no seio das famílias. A França sem dúvida não acolheu tantos deportados quanto poderia. Ainda assim, acolheu muita gente, principalmente um grande número de crianças de todas as nacionalidades, as que foram chamadas de "crianças de Buchenwald". A OSE também recolheu muitas crianças em abrigos. Algumas dessas crianças permaneceram na França e foram escolarizadas, outras foram embora. Mais tarde, depois da criação do Estado de Israel, algumas foram para lá.

Pode-se comparar a hospitalidade francesa com a dos Estados Unidos. A guerra não afetou os Estados Unidos como o continente europeu. Em seu próprio solo, os americanos ficaram muito mais protegidos.

Mas, entre os judeus deportados, principalmente entre os poloneses, os tchecos, os eslovacos, muitos tinham família nos Estados Unidos e para eles nem sempre foi fácil obter visto. Entre os que não tinham família americana, muitos, por não poderem ir para a Palestina, desejavam instalar-se nos Estados Unidos. Para esses foi ainda mais difícil.

Quanto à França, no momento da liberação dos campos ela não atraía especialmente os deportados judeus estrangeiros, a menos que tives-

---

2 Cf. nota p. 78.

sem família aqui. Foi um pouco mais tarde, nos anos do pós-guerra, que alguns judeus do Leste Europeu quiseram emigrar para a França. Na Polônia, na Tchecoslováquia, nos países bálticos, daí em diante sob domínio soviético, os judeus sobreviventes nem sempre foram bem tratados, longe disso. Já no final dos anos 1940, sob Stálin, o antissemitismo ressurgiu na URSS e os judeus viveram grandes dificuldades. Foi então que um movimento de emigração para a França se delineou, na medida em que os judeus conseguiam sair do país. A França recebeu-os bem. Muitos formaram descendência aqui.

David
Como ex-deportada, como você vivenciou a criação do Estado de Israel em 1948?

Simone
Com uma emoção muito grande. Antes da guerra, eu não vivia num meio sionista e não recebi nenhuma educação religiosa, nada sabia sobre a questão da implantação judia na Palestina. O que me esclareceu, o que despertou meu interesse foi justamente ouvir meus colegas de deportação falarem. Não tanto em Bobrek quanto em Birkenau. Em Bobrek eu via principalmente deportados vindos da França, ao passo que em Birkenau conheci moças de origem polonesa, tcheca ou eslovaca. O sonho delas era ir para a Palestina. Elas ainda não imaginavam um Estado independente. Alguns membros de suas famílias já estavam instalados lá.

A guerra de 1948 só intensificou o desejo de ir para Israel, para lutar. Aliás, o filho de uma de minhas colegas de Bobrek foi morto naqueles combates. Para eles, Israel era o único país de destino. Muitos sobreviventes dos campos instalaram-se lá. Encontraram o que buscavam. Com emoção, visitei um *kibutz* para os ex-resistentes do gueto de Varsóvia. Nele encontrei uma colega de origem polonesa que me ajudara no campo.

David
Como essa colega ajudou você?

Simone
Ela era arquiteta e havia participado da Resistência no gueto de Varsóvia. Em seguida, foi transferida para Lublin, antes de chegar a Birkenau. Foi onde a conheci. Ela falava um pouco de francês. Conseguiu para mim um vestido trocando-o por uma ração de pão. Não uns farrapos, não um pedaço de pano em frangalhos, mas um vestido de verdade. Imediatamente recuperei um pouco de dignidade.

David
Qual é hoje seu relacionamento com suas colegas de deportação que vivem em Israel?

Simone
As oportunidades de ir a Israel são muitas. Tenho ótimos amigos lá. Fui várias vezes com ex-deportados de Bobrek. Há alguns anos houve um grande encontro dos sobreviventes. Ao longo dos anos fui vendo mudanças extraordinárias. Em minha primeira viagem, em 1960, a estrada que ligava Tel-Aviv a Jerusalém estava pontilhada de caminhões queimados. Praticamente não se viam árvores. Hoje, é uma floresta. O que foi realizado é extraordinário. Agora gostaria que houvesse paz, que cada qual aceitasse os outros, que palestinos e israelenses pudessem viver juntos. Não haverá paz se não garantirem a segurança das diferentes comunidades e se não demonstrarem tolerância.

David
Simone, você se lembra de Paul Schaffer no campo de Bobrek?

Simone
Guardei lembranças muito precisas de você em Bobrek. Era justamente um dos privilégios daquele campo: poder criar verdadeiras relações de amizade e, mais que isso, de confiança. Falávamos muito de nossa família.

Simone
Você me falou de sua irmã, de sua mãe, de seu pai que você esperava reencontrar. Falou também de sua infância na Áustria.

David
E você, Paul, que lembranças precisas você tem de Simone Jacob em Bobrek?

Paul
Minha lembrança principal, confesso, é a atração que Simone exercia. Ela era de uma beleza totalmente notável e sabia comportar-se. Isso levantava nosso moral. Muitas vezes os deportados que vinham da França ou da Bélgica se distinguiam por sua cultura e educação. Simone acrescentava a isso uma certa dignidade. Sua mãe também inspirava muito respeito. Era uma grande mulher, muito digna.
Nos campos, os detidos eram provenientes de todos os meios. Os que vinham das classes menos favorecidas e os menos cultos frequentemente resistiam melhor que os outros. Para um deportado vindo de uma classe privilegiada, habituado ao conforto, a vida nos campos era muito mais difícil de suportar.

David
Como vocês conseguiam se falar, se os homens e as mulheres ficavam separados?

Simone
Um em cada dois domingos não trabalhávamos. Nós nos falávamos através da grade... Cada um ficava no seu lado, mas podíamos conversar. Havia um deportado chamado Jacques, eu me lembro, que cantava. E havia outros também. Cantávamos canções francesas na moda alguns anos antes. E depois ficávamos ali, conversando. Havia outras oportunidades, sobretudo durante os trabalhos de aterro. Ali podíamos falar muito livremente. Na fábrica era mais difícil. Cada qual es-

tava destacado para seu posto. As mulheres faziam funcionar certas máquinas. Quanto a mim, trabalhei bem pouco tempo lá.

Paul
Conseguíamos nos ver quase diariamente.

Simone
Nós nos demorávamos um pouco aqui ou ali, com o pretexto de pegar um objeto ou de fazer um conserto. Era bastante fácil nos vermos. Deixavam que nos falássemos. Em Bobrek houve até mesmo alguns namoros entre deportados. Isso pressupunha a possibilidade de conversar, de encontrar-se. Se eu fosse um pouco mais velha e um pouco menos ingênua, sem dúvida teria me interessado mais. Mas era jovem demais e tinha "princípios" demais.

David
Em Bobrek as mulheres sofriam uma forma de assédio, ou pelo menos de pressão?

Simone
Podíamos sofrer uma certa forma de pressão da parte dos deportados. Havia de fato poucas mulheres e principalmente poucas jovens. Entretanto, a situação da maioria dos deportados não permitia que pensassem realmente nisso. Alguns se apaixonavam, mas quase sempre ficava platônico. Para alguns privilegiados, porém, as coisas podiam ser diferentes.
De minha parte, eu continuava de uma ingenuidade extraordinária quanto às relações entre homens e mulheres. Estava com 17 anos e minha educação nada tinha a ver com a das jovens de hoje. A única coisa que me protegeu foi a desconfiança para com as relações homossexuais. No começo de minha deportação, mulheres vinham me ver. Eu exibia então uma mistura de ingenuidade, desconfiança e candura. Mas não quero generalizar.

Em Birkenau, as tentações sexuais interessavam a pouquíssima gente. Só podiam interessar aos *kapos*, aos chefes de campo, aos chefes de bloco e a alguns privilegiados do "Canadá"* ou dos escritórios. Em Bobrek um pouco mais, pois as condições eram menos duras.

Entretanto, a partir do momento em que havia uma relação de autoridade, de status ou de privilégios, a pressão podia se fazer sentir.

Mas devo dizer que as pessoas que realmente me ajudaram, inclusive Stenia, aquela temível chefe de campo, me ajudaram de modo totalmente desinteressado. Não sofri pressão alguma da parte de Stenia e menos ainda da parte daquela jovem arquiteta que reencontrei mais tarde em Israel. Da parte dela, era pura generosidade para com jovens que ela queria ajudar.

Mais tarde, em Gleiwitz, conheci esse assédio de que você fala. Eu me vi no meio de pessoas de todas as proveniências. Não havia só judeus, mas também *kapos*. Havia ex-chefes de campo que tiveram situações privilegiadas, bem como detentos de direito comum. Alguns estavam vivendo nos campos por muito tempo. Diziam que não viam mulheres fazia oito ou dez anos.

Ficamos apenas dois dias em Gleiwitz, ou pouco mais. Não havia mais luz, não havia mais nada. Assim, as poucas mulheres que éramos sofreram uma pressão muito forte, muito difícil, com chantagem e violências eventuais. Estou falando de violências, não de violações. Alguns tentavam convencer uma mulher a deixar o campo. Ouvíamos: "Eu vou fugir, vamos juntos!" Gleiwitz, em minha memória, ficou como o Inferno de Dante. As pessoas sentiam-se tão perto da morte que estavam dispostas a tudo. Inclusive os SSs.

Paul

Em Gleiwitz tínhamos a impressão de estar fora do mundo. Depois de minha fuga, tive ainda de percorrer 100 quilômetros para chegar até Cracóvia, que tinha acabado de ser libertada pelos russos. Quando vi uma família polonesa – uma família amiga do colega com quem eu fugira –, fiquei muito surpreso com a normalidade da situação. Aquelas pessoas estavam vestidas normalmente. Seu apartamento era limpo. Ora, durante todo o tempo de minha deportação, eu tivera a impressão de que o mundo parara brutalmente. Eu havia passado para outra dimensão. Ontem eu disse para minha mulher que minha cirurgia recente foi meu terceiro nascimento. Nasci na Áustria, conheci o renascimento depois de minha libertação. Agora tenho o privilégio de haver nascido três vezes.

Em 1945 fiquei muito surpreso por o mundo continuar girando enquanto nós pensávamos que nunca voltaríamos.

Simone

O campo de Gleiwitz lembrava certos quadros do século XV, com violações, cenas de pesadelo, matanças, monstros... Tudo era possível.

Uma noite, Milou e eu nos afastamos de nosso bloco. Alguém surgiu com um pão à guisa de presente, mas também com ameaças. Tivemos muita dificuldade para escapar dele.

Aquilo durou dois dias. Os SSs esperavam os soviéticos de um momento para outro. Pensavam que não se salvariam. Enquanto isso, os deportados morriam de fome e as seleções continuavam.

Paul

Em uma comissão para a história da Shoah, um historiador me perguntou se os SSs tinham relações com as deportadas judias. Respondi-lhe que aquilo estava fora de questão. Relações com uma judia eram um crime punido com a morte. O estupro pelos alemães era inexistente ou então muito bem escondido.

Simone

Uma historiadora ou pretensa historiadora também me explicou um dia que todas as mulheres judias haviam sido violadas. Mas isso era raríssimo. Talvez tenha acontecido nos *Einsatzgruppen**. Em Bobrek havia um contramestre que vinha nos ver com frequência, Era um meio-alemão, um *Volksdeutscher* da Tchecoslováquia. Às vezes me trazia um pedaço de pão ou uma fruta. Quando fomos evacuados para Auschwitz, em 18 de janeiro de 1945 à noite, ele me disse: "Pena que haja essa proibição racial..."

Paul

Essa proibição de relações entre arianos e judeus chamava-se *Rassenschande*, literalmente "vergonha racial".

Simone

O contramestre sempre me dizia: "*Shade, shade*", que pena, que pena! Sem isso, ele provavelmente teria me cortejado assiduamente. Entre deportados esfomeados, essa questão na verdade contava muito pouco. Pensávamos em comer, em dormir, tentávamos descansar cinco minutos e isso era tudo. A pressão, repito, vinha dos *kapos*, principalmente quando eram ex-condenados de direito comum. Era exercida sobre os deportados mais jovens.

Em Bobrek havia duas ou três pessoas muito jovens, de 13 ou 14 anos, sobre as quais se dizia que eram "protegidas". Eu não sabia até onde ia essa "proteção", o que se exigia delas em troca. É possível que o *Lagerältester** ou algum outro chefe procurasse apenas evitar que morressem.

Mais tarde, em Gleiwitz, conheci um jovem húngaro que era protegido pelo *Lagerältester**, um ex-condenado de direito comum. Quando chegaram mulheres no campo, esse *Lagerältester* deixou totalmente de se ocupar do jovem húngaro e o rapaz não recebia mais comida. Mamãe e eu cuidamos dele. Ele tinha frio, sentia-se perdido. Disse para mim: "Ele me deixou de lado porque agora há mulheres, mas logo ficará feliz em me reencontrar." Portanto, havia também situações desse tipo.

Paul

Podem pensar que a sexualidade nos campos fosse um grande assunto, mas para nós não era. Havia tantas preocupações, um medo tão grande da morte...

Simone
Pouquíssimos tinham realmente vontade disso. Não havia mais desejo sexual, exceto para os privilegiados, aqueles que comiam mais, que trabalhavam menos. Para todos os outros isso não existia mais.

David
Naquele mundo fechado havia bons e canalhas. Alguns daqueles canalhas sobreviveram. Como você sentiu isso?

Simone
Canalhas de verdade havia poucos. Entre os deportados franceses não identifiquei nenhum, nem em Birkenau nem em Bobrek. Em Bobrek era ainda menos provável. Talvez houvesse uma exceção, um polonês de quem desconfiávamos muito.

Paul
A noção de canalha não é a mesma em nosso mundo civilizado e no universo concentracionário.

Simone
Havia *kapos*, é claro, mas entre eles havia pouquíssimos franceses. Para poder prejudicar era preciso um status privilegiado. E os franceses não tinham acesso a ele, ou muito raramente.

Paul
Era por causa da língua. Era preciso dominar o alemão ou pelo menos o polonês.

Simone
Havia muito mais *kapos* entre os deportados de origem polonesa ou eslovaca. Além do problema da língua, os franceses foram deportados muito mais tarde.

De minha parte, a única chefe de campo que conheci um pouco foi aquela Stenia, uma polonesa. Sua fama era tão horrorosa que ela foi enforcada após a liberação do campo. Eu fui a exceção, a única deportada que recebeu sua ajuda.

David

Essa é a famosa Stenia que transferiu você para Bobrek e que lhe disse: "Você é bonita demais para morrer aqui"?

Simone

Sim, é ela.

David

Ela não fez isso para ninguém mais?

Simone

Nunca ouvi dizer que ela tivesse ajudado alguém mais.

A respeito de chefes subalternos, quero mencionar um exemplo contrário e citar um comportamento extraordinário. Nos escritórios de Birkenau havia uma mulher judia francófona, nascida na Bélgica. Ela ocupava um pequeno posto administrativo. Pois bem, em agosto de 1944, quando eu já havia sido transferida para Bobrek, ela tentou fugir com um colega. Tentaram juntar-se à Resistência. Foram presos alguns dias depois. Os dois foram enforcados, disseram-me.

Depois da captura, porém, essa deportada não se entregou. Tentou cortar os pulsos, mas os SSs a impediram. Morreu enfrentando-os e injuriando-os. Foi sem dúvida a única tentativa de fuga de uma empregada subalterna em Birkenau. Uma situação um pouco privilegiada como a dela dava pelo menos energia para amadurecer um plano. Quanto a nós, nem pensávamos nisso. Às vezes estávamos cansadas demais até para comer.

Paul

A meu ver, os deportados que sobreviveram a Birkenau são pessoas bem excepcionais. Sua qualidade humana era fora do comum. Simone, sem essa experiência fora do comum você teria realizado tantas coisas? Teria se tornado o que você é?

Simone

O campo transformou profundamente todos nós. Ainda mais porque éramos muito jovens. Antes de minha deportação eu tinha vontade de me divertir, era vaidosa. Voltei de lá totalmente diferente. Não tinha mais vontade de me divertir. Meu modo de ver a existência não era mais o mesmo. A hierarquia de valores, o senso da importância das coisas não eram mais os mesmos. Daí em diante eu não suportava mais que se brincasse com algumas coisas. O campo provocou nossa maturação acelerada. Começamos a refletir de modo totalmente diferente. Perdemos toda ilusão. Hoje não acredito no que as pessoas procuram mostrar de si mesmas. Não confio nas aparências. Isso não impede um certo otimismo. Numa mesma pessoa, muito frequentemente o melhor e o pior coexistem.

Paul

Quando você chegou ao campo de Bobrek, já era muito séria, muito severa. Percebia-se que estava consciente da gravidade da situação. Você não sorria.

David

Mais tarde, a perda de sua mãe não mudou para sempre seu modo de ser?

Simone

A morte de mamãe mudou, sim, é claro.
A morte de Milou alguns anos depois, também.
Não consigo falar disso.
Na liberação, Milou havia se tornado todo meu universo afetivo. Eu não sabia o que ia encontrar na França, mas Milou estava presente. Desde a infância nós sempre tivéramos uma ligação especial. Tínha-

mos apenas quatro anos e meio de diferença. Ela era como uma substituta de mamãe. Quando meus pais saíam à noite, mamãe lhe dizia: "Dê um beijo em Simone por mim." Mais tarde, nas escoteiras, ela se tornara minha guia. No campo, quando mamãe morreu, durante os dois ou três meses que restavam ela teve sobre mim a autoridade de uma mãe.

Em Birkenau, Marceline Loridan, por exemplo, chegou muito jovem, mas sem sua mãe. Ela prontamente firmou sua independência. Eu continuei muito obediente a mamãe e a Milou. As duas exerciam sobre mim uma verdadeira autoridade.

David
Havia coisas que sua mãe ou sua irmã não teria tolerado de você?

Simone
Mamãe nunca teria me criticado.

Depois da liberação, quando me exaltei contra outra deportada, minha irmã Milou me repreendeu muito duramente. Fiquei magoada. Sentia que estava em meu direito. Eu respondera a uma agressão. Foi sobre a forma que Milou me censurou. Ela me disse: "Qualquer que seja a situação, você não deve se expressar assim." Muito doente, ainda sem ter saído do campo, ela mantinha o controle de seu humor e de seu verbo.

David
Você poderia ter vivido com um ex-deportado?

Simone
Teria sido muito difícil. Haveria a tentação de falar sem parar do campo. Quando Paul e eu nos encontramos, certamente temos muitas coisas a dizer sobre todo tipo de assuntos, mas não há o que fazer: recaímos sempre no campo. Viver com alguém que vivenciou a mesma coisa é muito pesado. Fala-se demais daquilo. Para os filhos de um casal como esse seria insuportável. Essa experiência não partilhada se torna intolerável para os outros, com mais razão ainda para os filhos.

Paul

De modo geral, as pessoas já têm dificuldade para transmitir aos filhos sua experiência pessoal, qualquer que seja. E aquela experiência é particularmente intransmissível. Torna-se mais difícil dar aos filhos uma educação equilibrada. Queiramos ou não, nossos filhos sofreram o choque vivido pelos pais. Eles têm consciência de que seu pai ou sua mãe foram deportados e viveram uma experiência fora do comum.

Simone

Mesmo que nosso comportamento não deixe transparecer nada, eles interiorizam o sofrimento por que passamos. Para eles é muito pesado. É ainda mais pesado para nossos cônjuges. Às vezes eles suportam mal que toquemos no assunto.

David

Os filhos não sentem as coisas de outra forma?

Simone

Nós não paramos de dar depoimentos, de falar, mas, em última análise, são raros os pais que levam os filhos a Auschwitz. Muitos filhos de deportados que conheço me disseram que seus pais falavam muito pouco do assunto.

Falam principalmente no exterior.

Quanto a mim, várias vezes voltei sozinha a Auschwitz. Meus filhos e eu dissemos várias vezes que iríamos juntos, mas isso ainda não aconteceu.

David

As escolhas que vocês fizeram com 20 anos de idade, no pós-guerra, teriam sido muito diferentes sem a experiência da deportação?

Simone

Eu com certeza teria estudado. É o que mamãe havia previsto para suas três filhas. Por outro lado, sem dúvida não teria me casado tão jovem.

David

Sempre me perguntei se os ataques muito violentos de que mais tarde você foi alvo não eram inconscientemente dirigidos para a sobrevivente dos campos. Esses ataques tinham muito a ver com sua história.

Simone

Nada me foi poupado.

Depois do campo, há formas de humilhação que não podemos mais suportar. É algo que faz você perder seu senso de humor. Em mim, guardei uma certa violência. Mas essa violência é acompanhada de uma indiferença muito grande. Recuso-me a achar essencial alguma coisa que não vale a pena. Recuso que coisas insignificantes assumam uma importância excessiva. Em contrapartida, vou achar muito importante uma questão insignificante, se ela tiver a ver com a dignidade. Paul, o que você pensa disso?

Paul

Eu me tornei indiferente a questões pequenas.

Simone

Em minha infância, respeitávamos todo tipo de princípio. Por exemplo, meu pai nos obrigava a comer de tudo.

De minha parte, tive a tentação, com relação a meus filhos e principalmente a meus netos, de não aborrecê-los com coisinhas desse tipo. Por outro lado, como muitos adultos de minha geração, exigi deles, mais ou menos conscientemente, que se sentissem responsáveis muito cedo.

Paul

Temos em comum uma situação particular.

Tornamo-nos pessoas sem sombra. Não vivemos nossa adolescência. No lugar dela há um buraco aberto. Esse vazio teve um papel importante em nosso comportamento posterior.

Essa é uma das minhas tristezas. Passamos diretamente da infância para a idade adulta. Esses adultos que depressa demais nos tornamos não eram desprovidos de experiência, mas infelizmente essa experiência era nefasta. Portanto, foi preciso extirpar tudo aquilo. Pôr ordem em nós mesmos. Para isso, nada nem ninguém me ajudou. Foi um trabalho pessoal. Hoje, diante da menor agressão, do menor trauma, 25 psiquiatras se comprimem à cabeceira da vítima para atenuar seus efeitos. Nós estávamos sozinhos para fazer esse trabalho. Nossa adolescência nos faz falta para sempre.

Simone
Passamos sem transição para o campo dos adultos. Porém, diante de meus filhos, talvez porque eram meninos, não creio que esperei deles a maturidade que eu tinha com 20 anos. Nem mesmo pensei nessa questão.

Por outro lado, quanto a meus netos, com os quais a diferença de idade é ainda maior, me pergunto se não os julgo demais. Espero deles, principalmente de minhas netas, um senso de responsabilidade excessivo. Eu me pergunto se não sou exigente demais com elas.

Paul
Estou com um pouco de frio. Saí recentemente de uma cirurgia. Poderíamos passar para dentro?

Simone
Você precisa beber alguma coisa quente, precisa aquecer as mãos.

Paul
Você aquece meu coração.

Simone
Ah, eu aqueço seu coração!

O *Kadish* será recitado junto de meu túmulo

Nascida e criada no seio de uma família francesa de longa data, eu era francesa sem precisar indagar-me sobre isso.

Mas o que ser judia significa para mim, bem como para meus pais, visto que, sendo eles agnósticos – como já o eram meus avós –, a religião estava totalmente ausente de nosso núcleo familiar?

De meu pai guardei principalmente que seu pertencimento à judeidade estava ligado ao saber e à cultura que os judeus adquiriram ao longo dos séculos, em tempos em que pouquíssimos tinham acesso a eles. Os judeus continuaram a ser o povo do Livro, independentemente das perseguições, da miséria e da errância.

Para minha mãe, tratava-se mais de um apego aos valores pelos quais, durante sua longa e trágica história, os judeus não cessaram de lutar: tolerância, respeito aos direitos de cada um e a todas as identidades, solidariedade.

Ambos morreram em deportação, deixando-me como única herança esses valores humanistas que para eles o judaísmo encarnava.

Dessa herança não me é possível dissociar a lembrança constantemente presente, obsessiva mesmo, dos seis milhões de judeus exterminados pela única razão de ser judeus. Seis milhões, entre os quais estavam meus pais, meu irmão e muitos outros que me eram caros. Não posso separar-me deles.

Isso basta para que, até minha morte, minha judeidade seja imprescritível. O *Kadish* será recitado junto de meu túmulo.

S<small>IMONE</small> V<small>EIL</small>

Um dia, Simone Veil falou-me de uma obra americana da qual ela participara. O livro, em homenagem ao jornalista americano Daniel Pearl, assassinado em 2002, chamava-se *I am a Jewish*. Nele, judeus do mundo inteiro tentavam definir sua relação com a judeidade.

Alguns dias depois, insisti em gravá-la lendo seu texto.

Sua voz dizendo "o *Kadish* será recitado junto de meu túmulo" abriu a cerimônia de sua entrada no Panteão. É natural que encerre *O alvorecer em Birkenau*.

DAVID TEBOUL

Glossário

Bloco (*Block***)**
Barracão onde dormiam os prisioneiros. Em Birkenau o efetivo de um bloco podia ser de 400 a 500 detentos, ou mesmo muito mais.

Blockältester
Chefe de bloco recrutado entre os detentos (em polonês, *Blockowa*).

Canadá
Em Birkenau, lugar onde eram guardadas as bagagens confiscadas dos deportados (cerca de 30 barracões).

"[...] no Canadá, era assim que as polonesas haviam batizado a triagem das roupas, porque era o menos duro dos postos de trabalho, aquele que todas esperávamos, onde se podia topar com um pedaço de pão velho no fundo de um bolso ou com uma moeda de ouro na bainha de uma roupa. Os franceses teriam dito Peru. Estranha cartografia do mundo miniaturizado no campo em língua polonesa. O México, não sei por que, significava morte próxima."

(Marceline Loridan-Ivens, *Et tu n'es pas revenu*, Paris, Grasset, 2015)

Comando (*Kommando***)**
Grupo de prisioneiros destacado para executar um trabalho determinado; designa também o barracão que alojava um ou mais desses grupos.

Coya
Armação de ferro ou de tijolos, com três andares, com catres para quatro ou cinco pessoas.

Einsatzgruppen
Unidades móveis de extermínio de populações civis e principalmente de judeus, no Leste Europeu.

Feldgendarmerie
Unidades de polícia militar que existiram nas Forças Armadas alemãs desde a época do exército imperial até o final da Segunda Guerra. Literalmente, "gendarmeria de campo".

Gestapo
A polícia política do Reich. Acrônimo de *Geheime Staatspolizei*, "polícia secreta do Estado".

Kapo
Detento encarregado de comandar os grupos de trabalho.

Lager
Campo.

Lagerältester
Detento "decano", responsável pela gestão interna do campo.

Läuferin
Portadora de mensagens no interior do campo.

Muçulmano/a
Deportado no fim das forças, esgotado pelo trabalho e pelos maus-tratos.

"Eram chamadas de muçulmanas, não sei por que, mais uma palavra das polonesas, talvez por causa das cobertas que elas punham na cabeça."
(Marceline Loridan-Ivens, *ibid.*)

SS
A Polícia do Estado, no nazismo; sigla de *Schutzstaffel*, "esquadrão de proteção", porque inicialmente se tratava de uma guarda especial com a função de proteger Hitler e os líderes do partido.

Stubowa
Auxiliar de uma *Blockowa*, de uma chefe de bloco.

Volksdeutsche
Descendentes de alemães, nascidos e vivendo fora do Reich. Os nazistas os diferenciavam dos alemães do Reich.

Wehrmacht
Forças Armadas.

Um agradecimento muito especial a Philippe Garnier, por sua ajuda preciosa.

A Jean e Pierre-François Veil, por sua confiança e seu apoio.

A Eva Albarrán, que me acompanhou ao Panteão,
a Xavier Carniaux, que esteve presente no início de meu encontro com Simone Veil,
a Clément Dupeux, pela paciência,
a Sylvain Fort, pela qualidade de nossas conversas e pelo apoio,
a Jacqueline Frydman, pela amizade,
a Laurent Goumarre, pelo que ele sabe.

A meu agente Olivier Rubinstein,
a Isabelle Wekstein, minha advogada, sempre presente e atenta,
a meu editor Laurent Beccaria, que imediatamente entendeu o livro,
a Bruno Monguzzi, um belo encontro,
a toda a equipe da editora Arènes, principalmente Marie Baird-Smith, Flore Gurrey e Isabelle Paccalet.

A Philippe Bélaval, Aurélien Chauvaud,
Frédéric Compain, Delphine Haby,
Jacqueline Haby, Matthias Haby,
Ingrid Haziot, Anthony Humbert,
Lionel Laval, David Madec, Élisabeth Marliangeas, Béatrix Mourer, Brice Mourer, Alain Raoust, Luciano Rigolini, Martine Saada.

E, é claro, a Denise Vernay,
Marceline Loridan-Ivens e
Paul Schaffer, porque estiveram presentes.